雲南師範大學圖書館　編

雲南師範大學圖書館藏古籍善本圖録

國家圖書館出版社

圖書在版編目（CIP）數據

雲南師範大學圖書館藏古籍善本圖録 / 雲南師範大學圖書館編. —
北京：國家圖書館出版社, 2020.12
ISBN 978-7-5013-6989-8

Ⅰ. ①雲… Ⅱ. ①雲… Ⅲ. ①院校圖書館—古籍—善本—圖書館
目録—雲南 Ⅳ. ①Z822.6

中國版本圖書館CIP數據核字（2020）第059183號

書　　名　**雲南師範大學圖書館藏古籍善本圖録**

著　　者　雲南師範大學圖書館　編

責任編輯　王燕來　黄鑫

出版發行　國家圖書館出版社（北京市西城區文津街7號　　100034　）

　　　　　（原書目文獻出版社　北京圖書館出版社）

　　　　　010-66114536　63802249　nlcpress@nlc.cn（郵購）

網　　址　http://www.nlcpress.com

排　　版　愛圖工作室

印　　裝　北京中華兒女印刷廠

版次印次　2020年12月第1版　2020年12月第1次印刷

開　　本　889×1194　1/16

印　　張　11.5

書　　號　ISBN 978-7-5013-6989-8

定　　價　280.00圓

序

　　古籍圖録是以古籍書影爲主，輔以文字解説，揭示古籍版本特徵的著作
樣式。楊守敬赴日訪求古籍所編刻的《留真譜初編》，是中國第一部古籍圖録。
此後，各種古籍圖録如雨後春笋般涌現。近年來出現的古籍圖録，多由各類
藏書單位主持編纂，并且呈現逐漸細化的趨勢，出現了不少古籍珍本、善本、
特藏圖録，皆因古籍圖録在古籍保護、整理工作中的作用越來越受到重視。
古籍圖録直觀、精準地揭示了古籍版本的特徵，便於古籍版本研究者對比甄別。
古籍圖録的出現，也讓原本深鎖於函櫃的珍貴古籍直觀地呈現給讀者，以圖
録觀古籍，莫此親切。《雲南師範大學圖書館藏古籍善本圖録》正是這樣一
本古籍圖録。

　　入選《圖録》的古籍善本有一百二十一種，每種古籍選擇其中一二幅具
有版本特色的書影進行展示，并對各書版本、收藏等情況作客觀描述，揭示
這些古籍的基本信息和主要特徵，詳細著録各書的題名、卷數、撰著者、函
册數、版本、行款、刊刻者與刊刻年份、序跋、收藏情況、鈐印、避諱等，
還對部分書籍的作者、内容、收藏者和版本價值做了適當闡述。全書以圖文
并茂的形式，全面展示雲南師範大學圖書館所藏古籍善本的特點和價值，既
具有古籍版本圖録的作用，又具有較高的收藏和鑒賞價值。

　　《圖録》選録了不少有特色的古籍版本，今略擇幾條以述之：

　　1. 抄本：明萬曆四十七年（1619）抄《儲王合集》一部。書前後共有抄
者題跋十一篇，以時間爲序，記録了該書隨着手批者仕宦遷徙，纍積批點，
最終被"鈐記藏之"的整個過程。全書以楷書精抄，不分卷，有點批者、收
藏者鈐印二十餘枚，可謂"印篆纍纍，朱墨燦然"。

　　2. 木活字印本：清初木活字印《慈溪黄氏日抄分類》三十一卷《古今紀要》
十五卷本，清乾隆武英殿木活字印《聚珍版叢書》零種《歸潛志》《詩總聞》
等。其中，《詩總聞》曾被藏書家劉明陽、王静宜夫婦收藏，有"劉明陽王

靜宜夫婦讀書之印”鈐印。

3. 西南聯大舊藏善本：如清康熙三十八年（1699）刻《［康熙］雲南府志》二十五卷，清乾隆十四年（1749）萬卷樓刻《春秋大事表》五十卷《春秋輿圖》一卷《附録》一卷，清乾隆五十二年（1787）洞涇草堂刻《十七史商榷》一百卷等。這些古籍上有“國立西南聯合大學圖書館藏”鈐印，呈現出濃厚的歷史感，可以一窺“教育史上的奇迹”——西南聯大的館藏善本情況。

4. 汲古閣精刻叢書：如《津逮秘書》《十七史》等。其中，《津逮秘書》有“湘西黃氏半園書屋東窗”“徐惇復印”“七來氏”“靜吟館”“沈億蘭印”等多枚藏印，彌足珍貴。

5. 雲南著名藏書家由雲龍先生捐贈的由氏舊藏善本：如明萬曆十七年（1589）刻《漢書鈔》，清康熙三十八年（1699）顧氏秀野草堂刻《昌黎先生詩集注》，清康熙五十年（1711）程哲七略書堂刻《帶經堂集》，卷首有由雲龍先生墨題《本書識要》的清乾隆刻《十六國春秋》等。由氏藏書多鈐有“由雲龍印”“定庵”“由宗龍印”“由氏伯号珍藏”等藏印。這些古籍充分體現了由氏藏書的特點，反映了由雲龍對古籍收藏和保護所做的貢獻。

6. 名家遞藏手批珍本：清康熙六十一年（1722）曹炳曾城書室刻《海叟詩集》。該書由王鳴盛、孫毓修遞藏，書内有王鳴盛朱筆跋語、批點，孫毓修的校注，是研究二人學術思想的重要資料。國内祇此一本批校本，十分難得。

當然，除了以上所述，《圖録》所收還有不少值得一提的特色古籍：如明萬曆四十三年（1615）刻《酒史》，爲雲南洱源馬子華先生舊藏，馬子華曾任龍雲和盧漢的秘書，“文協”昆明分會理事，這些傳藏歷經，無不展示着滇人愛書藏書的文化傳承。清康熙年間邵氏青門草堂遞刻彙印《邵子湘全集》，爲九峰舊廬主人王體仁先生舊藏。又如清康熙刻《埤雅》，爲潘介祉先生舊藏等。由此可見《圖録》擇選精嚴、特色鮮明。

古籍是一種特殊的書籍，我們既要切實維護其實體安全，使之長久流傳下去，更要揭示其内容，使大衆更多瞭解與其相關的信息。2007 年 1 月 19 日，國務院辦公廳下發《關於進一步加强古籍保護工作的意見》指出：“我國古代文獻典籍是中華民族在數千年歷史發展過程中創造的重要文明成果，蘊含着中華民族特有的精神價值、思維方式和想象力、創造力，是中華文明綿延數千年，一脉相承的歷史見證，也是人類文明的瑰寶。古籍具有不可再生性，保護好這些古籍，對促進文化傳承、聯結民族情感、弘揚民族精神、維護國家統一及社會穩定具有重要作用。"雲南師範大學是西南聯大的後裔，有厚重的歷史淵源，傳承着西南聯大剛毅堅卓的精神，圖書館則傳承着文獻保護的傳統。今年 6 月，雲南師範大學圖書館獲評第六批全國古籍重點保護單位，館藏明嘉靖十年(1531)晋陵楊鑨九洲書屋刻三十卷本《初學記》入選第六批《國家珍貴古籍名録》。《圖録》此時出版，以圖文并茂的形式向讀者展示雲南師範大學圖書館館藏善本的真實面貌，雲南師範大學圖書館在繼承和弘揚中華優秀傳統文化方面所做的努力值得肯定。期待雲南師範大圖書館出現更多的古籍保護成果。

　　是爲序。

饒　權

2020 年 10 月

凡　例

一、本書收録雲南師範大學圖書館藏古籍善本一百二十一種。甄選標準按文化和旅游部頒布的《古籍定級標準》，選取定級在三級乙等及以上的館藏古籍。

二、全書按版本時間先後排序，相同時間按題名首字母音序排序。

三、各書題名以正文卷一卷端題名爲準，如用封面、版心、目録等他處題名，則另行説明。地方志題名前以"〔　〕"標注編修朝代，以示區別。

四、版式行款以正文卷一首葉爲準，版框尺寸爲首葉前半葉尺寸。

五、行文用通行規範繁體字。牌記、鈐印、引文等需保留原貌處，照録原字。

六、如有作者、藏家簡介，均在首次出現時詳述，再次出現則略。

七、書影選取以正文卷一首半葉爲主。

目　録

清　代

雲南師範大學圖書館藏古籍善本圖錄

明代

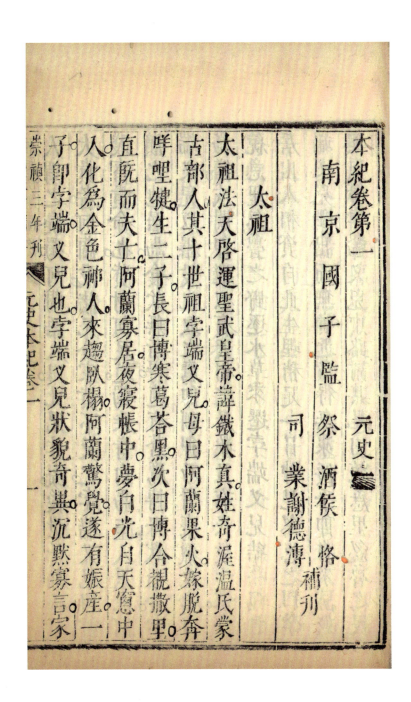

元史二百十卷目録二卷　（明）宋濂、王禕等撰

明洪武三年（1370）內府刻嘉靖九年至清康熙三十九年（1530—1700）遞修本

　　綫裝，四十册。半葉十行，行二十字。版式不一，明洪武、嘉靖版黑口，其餘白口，魚尾或單黑，或雙黑，或雙白，四周雙邊。版框最大爲明洪武、嘉靖版，26×17.2cm；最小爲清康熙三十九年版，21.3×15.4cm。

　　前有洪武二年（1369）李善長《進元史表》。目録後有洪武二年宋濂記，述及編纂原委。版心上書口分別鐫"嘉靖九年刊（補刊）""嘉靖十年補刊""萬曆二十六年刊""萬曆三十七年""萬曆四十四年刊""天啓三年刊（刻）""崇禎三年刊""順治十五年刊""順治十六年刊""康熙二十年補刊""康熙二十五年""康熙三十九年刊"，并有補刊者姓名。明崇禎補刊版卷端題名下鐫"南京國子監／某某補刊"。是書乃明內府刻《二十一史》零種。鈐印有"虛心室""胡餘禄印"。

農事有成乙丑敕樞密院以襄陽呂文煥率將吏赴
闕熟券軍于城居之民仍居襄陽給其田牛生券軍
分隸各萬戶翼文煥等發襄陽擇蒙古漢人有才力
者護視以來丙寅御廣寒殿遣攝太尉中書右丞
相安童授皇后弘吉剌氏玉冊玉寶遣攝太尉同知
樞密院事伯顏授皇太子真金玉冊金寶辛未以皇
后皇太子受冊寶詔告天下劉整請教練水軍五六
萬及於興元金洋州汴梁等處造船二千艘從之壬
申分金齒國爲兩路癸酉容星青自如粉絮起畢度
五軍北復自交昌貢斗約歷梗河至左攝提凡二十

一日以前中書左丞相耶律鑄平章軍國重事中書
左丞張惠爲中書右丞車駕幸上都西蜀嚴忠範以
罪罷遣察不花等撫治軍事以罷中興等處行中書省
夏四月癸未朔阿里海牙以呂文煥入朝授文煥昭
勇大將軍侍衛親軍都指揮使襄漢大都督賜其將
校有差時將相大臣皆以聲罪南伐爲請驛名姚樞
許衡徒單公履等問計公履對曰秉破竹之勢席卷
甲吳此其時矣帝然之詔罷河南等路行中書省以
不章軍國重事史天澤平章政事阿术恭知政事阿
里海牙行荊湖等路樞密院事鎮襄陽左丞相合丹

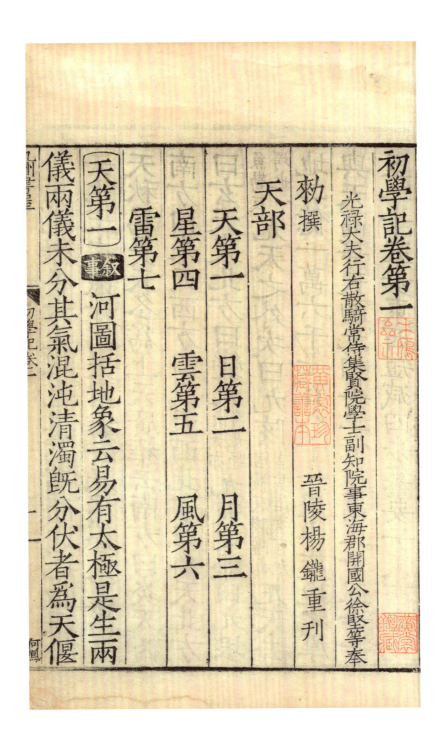

初學記三十卷　（唐）徐堅撰

明嘉靖十年（1531）晋陵楊鑴九洲書屋刻本

　　六眼綫裝，十六册。版框 21×16.3cm。半葉
九行，行十八字，小字雙行二十四字。白口，單
黑魚尾，左右雙邊。

　　目録下鑴"辛卯晋陵楊鑴重刊"，版心上書
口鑴"九洲書屋"，下書口鑴刻工名。楊鑴，明
嘉靖間人，"九洲書屋"爲其室名。是書刻印精美，

經藏書名家黄裳收藏，鈐多個藏印，有"黄裳鑑
藏""木雁齋""黄裳珍藏善本""黄裳容氏珍
藏圖籍""黄裳珍藏圖書印"等。黄裳（1919—
2012），原名容鼎昌，祖籍山東益都，爲青州駐
防旗人後裔，著名藏書家、作家。

世說新語卷上之上

宋臨川王義慶撰

梁　劉孝標注

宋　劉辰翁評

德行第一

陳仲舉言為士則行為世範登車攬轡有澄清天下
之志　荒蕪不掃除曰大丈夫當為國家掃天下值漢
　　汝南先賢傳曰陳蕃字仲舉汝南平輿人有室
桓之末闔豎用事外戚豪橫及拜太傅為
與大將軍竇武謀誅官反為所害
海內先賢傳曰蕃為尚書以忠正
許貴戚不得在臺遷豫章太守
至便問徐孺子所
為豫章太守

世說新語三卷　　（南朝宋）劉義慶撰　　（南朝梁）劉孝標注　　（宋）劉辰翁評
明嘉靖十四年（1535）袁褧刻本

　　緜裝，六冊。版框 20.5×14.1cm。半葉九行，行二十字。白口，單白魚尾，四周單邊。
　　有嘉靖乙未（1535）袁褧序，提刻書事。有南宋劉應登《世說新語舊序》。有眉批。有朱筆圈點。
　　袁褧（1495—1573），字尚之，號謝湖，以藏書、刻書著稱，有室名"嘉趣堂"。

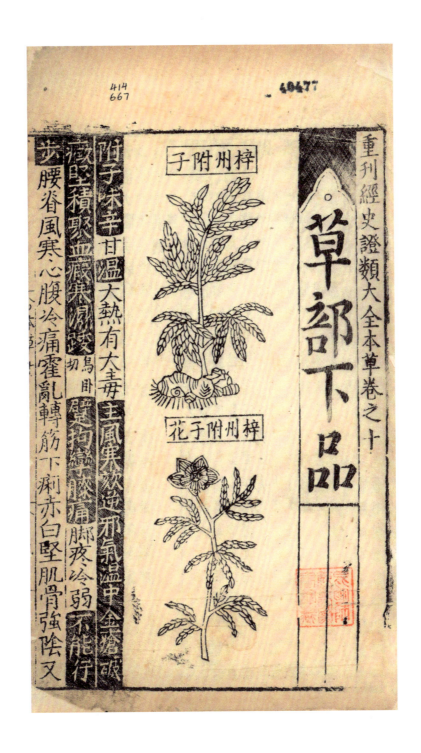

重刊經史證類大全本草三十一卷　（宋）唐慎微纂

明萬曆五年（1577）尚義堂刻本

　　綫裝，四函二十四册。版框 25.1×17.1cm。半葉十二行，行二十三字。白口，四周單邊。

　　又名《大觀本草》。函套簽題"大觀本草"，下題"伯澂珍藏"。前有北宋艾晟撰《經史證類大觀本草序》，序末有牌記鐫"大德壬寅孟春／宗文書院刊行"。有萬曆五年梅守德撰《重刻本草叙》，提王秋、王大獻父子重刻事。梅守德，字純甫，號宛溪，宣城人，嘉靖間進士，曾參知滇省。版心下書口鐫"宣城尤本科刻"。卷末有牌記鐫"萬曆丁丑春月／重刊于尚義堂"，并王大獻後序。是書重刻元刻本，仍用趙體大字，開本闊大。

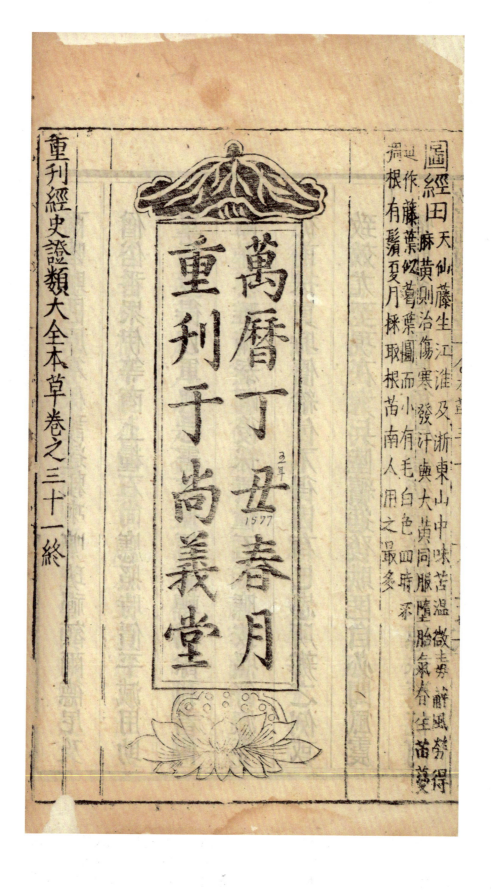

重刊經史證類大全本草卷之三十一終

萬曆丁丑春月

重刊于尚義堂

圖經曰天仙藤生江淮及浙東山中味苦溫微毒治風勞得

麻黃則治傷寒發汗與大黃同服墮胎氣春生苗蔓

似葛葉圓而小有毛白色四時採

根有鬚夏月採取根苗南人用之最多

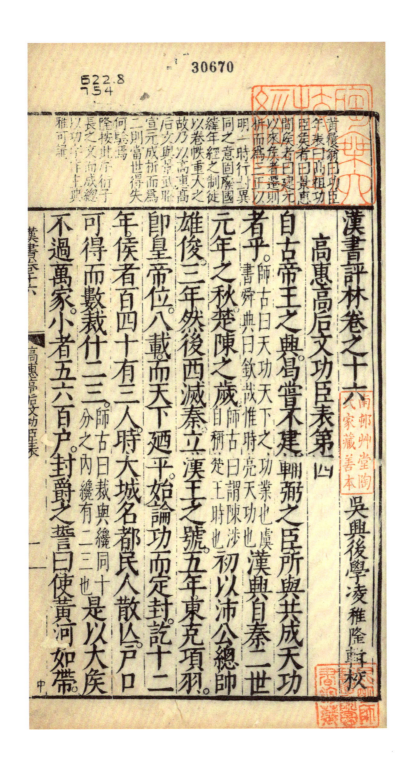

漢書評林一百卷　（明）凌稚隆輯

明萬曆九年（1581）刻本

綫裝，六十冊。版框24.1×14.7cm，上下分欄。半葉十行，行二十字，眉欄行六字。白口，單黑魚尾，左右雙邊。

卷前有明萬曆辛巳（1581）何洛文、茅坤、王宗沐三序，提凌稚隆刻書事。序後有萬曆辛巳凌稚隆識凡例，并《漢書評林》姓氏、引用書目、字例、世系圖、總評、叙例、刻例、目錄於卷前。眉欄鐫評。版心下書口鐫寫板者及刻工。鈐印有"南邨艸堂陶氏家藏善本""陶葉六校定經史"。

漢書鈔九十三卷 （明）茅坤輯

明萬曆十七年（1589）刻本

　　綫裝，四夾二十四冊。版框 20.8×14.6cm。半葉十行，行二十一字。白口，單黑、單白魚尾兼有，左右雙邊。

　　前有萬曆己丑（1589）茅坤《刻漢書鈔序》，提及輯、刻書事。版心下書口鐫刻工及字數。是書乃雲南姚安由氏家藏，其藏書多贈予雲南省各類圖書館。本館館藏亦存多種由氏贈書。由雲龍（1876—1961），字程孫，號夔舉，晚號定庵，雲南姚安人，著有《姚安縣志》《定庵詩話》《越縵堂日記》等。由雲龍曾任雲南教育司司長、省政協副主席，善書法，愛收藏，館藏多種由氏兄弟由雲龍、由宗龍贈書。鈐印有"由氏伯號珍藏""由宗龍印""懷古多情""樂天知命""仙衡氏珍藏"。

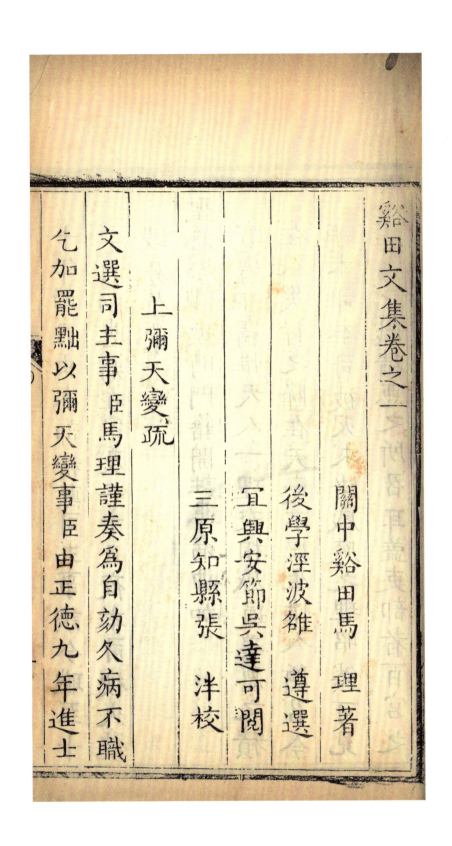

谿田文集十一卷補遺一卷　　（明）馬理撰

明萬曆十七年（1589）刻清乾隆補刻本

綫裝，四册。版框 20×13.8cm。半葉八行，行十八字。白口，單黑魚尾，四周雙邊。

卷前有明萬曆十七年雒遵序，提刻書事。補遺一卷諱"弘"字，爲清乾隆時補刻。

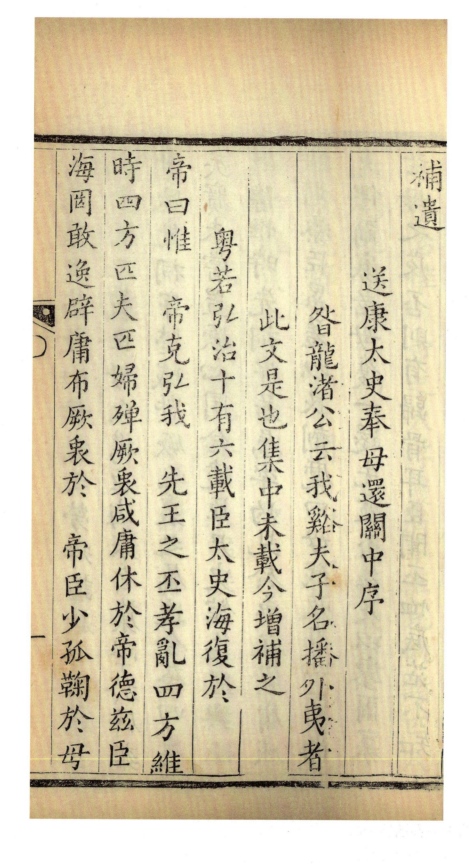

補遺

送康太史奉母還關中序

昝龍渚公云我豁夫子名播外夷者

此文是也集中未載今增補之

粵若弘治十有六載臣太史海復於

帝曰惟　帝克弘我　先王之丕孝亂四方維

時四方匹夫匹婦殫厥衷咸庸休於帝德茲臣

海固敢逸辟庸布厥衷於　帝臣少孤鞠於母

初學記三十卷　（唐）徐堅撰

明萬曆二十五年至二十六年（1597—1598）陳大科刻本

　　綫裝，十冊。版框 21×15.4cm。半葉九行，行二十字。白口，單黑魚尾，左右雙邊。

　　首有陳大科撰《刻初學記叙》，目録下鎸"明萬曆丁酉長至日付梓，訖工于明年上巳日。

卷凡三十，分部二十六、列目三百一十二、簡計九百一十九。陳大科識"。有朱筆圈點。有修復燼毀葉，皆抄補。

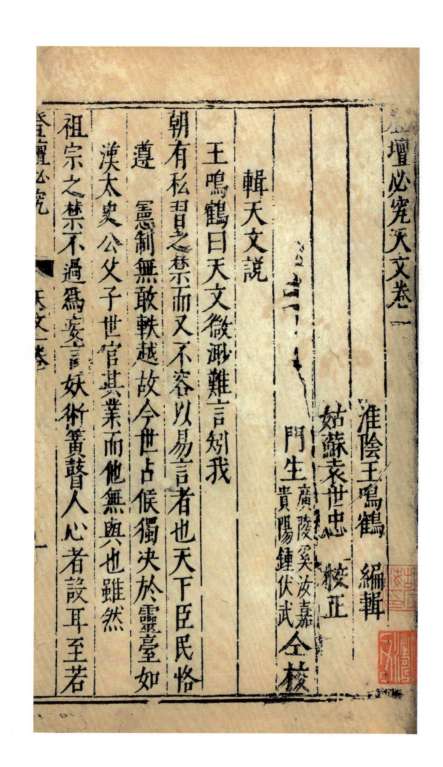

登壇必究四十卷　　（明）王鳴鶴輯

明萬曆二十七年（1599）刻補配遐壽堂本

　　綫裝，六函三十六冊。版框 21×14.2cm，半葉十行，行二十字，白口，單黑魚尾，四周雙邊、左右雙邊不一。補配遐壽堂版，版框 19.8×14.1cm，半葉九行，行十八字，白口，單黑魚尾，左右雙邊。

　　有萬曆二十七年張朝瑞序。版心下書口鐫字數及刻工名。補配版部分版心鐫"遐壽堂"。經修復，有缺葉抄補。有朱筆圈點。鈐印有"不薄今人愛古人""黃氏樹滋藏書""胡定海印""靖濤甫"。

雲南圖叙

雲南古梁州裔境地崇岡嶬嵼激澗縈紆城

郭人民夷居十七時恬則蜂屯蟻聚有事則

禽駭獸奔盖人人自爲險勢難統一者也必知

其領要則〔雲南臨安〕〔大理永昌鶴慶楚雄顏

號沃壤然〔元〕〔元江〕〔安〕安路納交阯金〔金齒司後改設永昌〕

軍民〔騰〕騰衝地擁諸甸瀾滄聯絡寧〔永寧〕〔麗〕〔麗江〕〔曲〕

府靖彈壓烏蠻〔四川烏撒烏蒙等府是〕王公設險於斯要

矣而土酋大者〔元江〕〔武定〕景東麗江小者姚

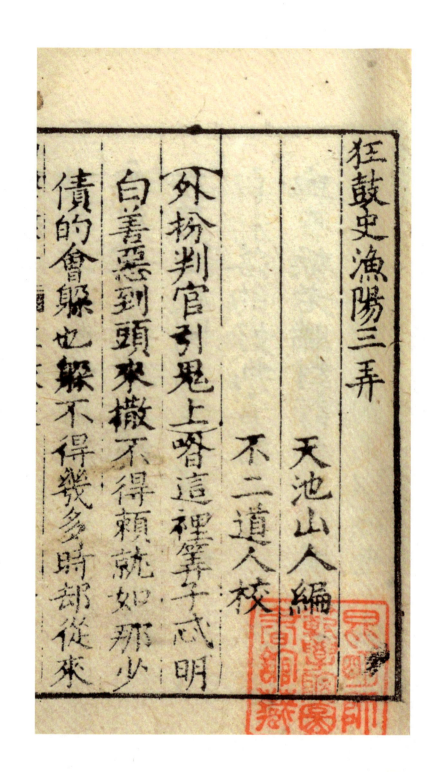

四聲猿四卷 　（明）徐渭編　（明）蘇元俊校

明萬曆三十一年（1603）刻袖珍本

　　綫裝，一函四冊。版框10.7×7.2cm。半葉六行，行十五字。白口，單黑魚尾，四周單邊。
　　題名據版心。版本年份據題辭，題辭末鎸"萬曆癸卯孟秋太一山人書於函三館之燃藜閣"。陳汝元，字起侯，號太乙，別署燃藜仙客，明戲曲作家。徐渭（1521—1593），字文清，後改字文長，號青藤道士、天池生、天池山人等，明代著名文學家、書畫家、戲曲家。蘇元俊，字漢英，號太初，別署不二道人，明戲曲作家。

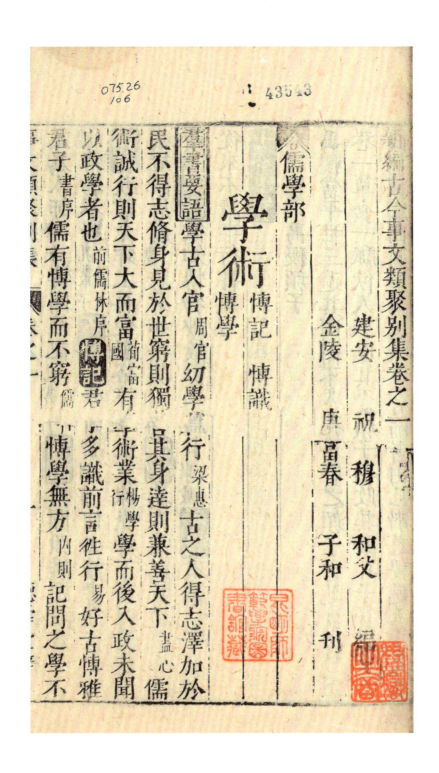

新編古今事文類聚別集三十二卷 　（宋）祝穆編

明萬曆三十二年（1604）唐富春德壽堂刻本

　　綫裝，八冊。版框21.3×14.8cm。半葉十一行，行二十四字。白口，單黑魚尾，四周單邊。
　　序末鎸"萬曆甲辰孟春之吉金谿唐富春精校補遺重刻"，卷端下皆鎸"金陵唐富春子和刊"，下書口鎸"德壽堂梓"。竹紙印刷。《新編古今事文類聚》由宋祝穆始編，元富大用續編而成，全書共有前集六十卷、後集五十卷、續集二十八卷、別集三十二卷、新集三十六卷、外集十五卷、遺集十五卷。館藏僅存別集。

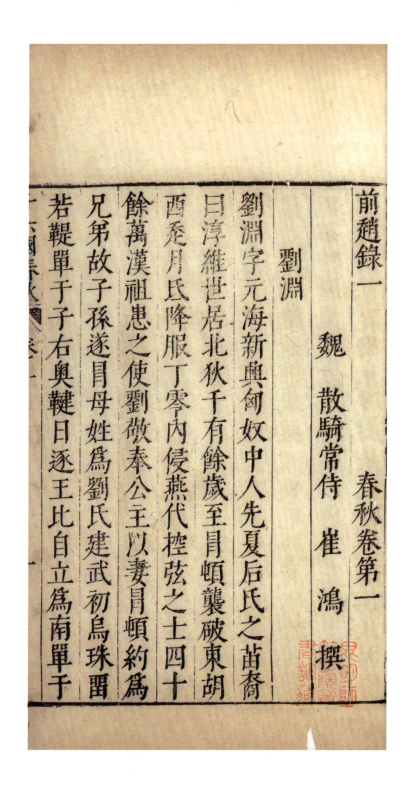

前趙録一

劉淵

魏　散騎常侍　崔　鴻　撰

春秋卷第一

劉淵字元海新興匈奴中人先夏后氏之苗裔
曰淳維世居北狄千有餘歲至冒頓襲破東胡
西走月氏降服丁零内侵燕代控弦之士四十
餘萬漢祖患之使劉敬奉公主以妻冒頓約爲
兄弟故子孫遂冒母姓爲劉氏建武初烏珠畱
若鞮單于右奥鞬日逐王比自立爲南單于

十六國春秋一百卷　（北魏）崔鴻撰

明萬曆三十七年（1609）屠氏蘭暉堂刻本

綫裝，十六冊。版框20.3×14.6cm。半葉九行，行十八字。白口，單黑魚尾，左右雙邊。

題名據版心。崔鴻原作亡佚，前有明萬曆三十七年甘士价撰《重刻十六國春秋序》，言屠喬孫輯佚刻書事。總目末鐫"萬曆三十七年蘭暉堂鏤板"。版心下書口鐫字數，卷末多鐫有"就李/屠喬孫/項琳之同訂"。

陰符

内品　神品

黄帝

觀天之道執天之行盡矣天有五賊見之者昌五賊

在心施行於天宇宙在乎手萬化生乎身天性人也

人心機也立天之道以定人也天發殺機移星易宿

地發殺機龍蛇起陸人發殺機天地反覆天人合發

萬化定基性有巧拙可以伏藏九竅之邪在乎三要

可以動靜火生於木禍發必剋姦生於國時動必潰

知之修之謂之聖人天生天殺道之理也天地萬物

古逸書三十卷首一卷末一卷　（明）潘基慶輯

明萬曆三十九年（1611）刻本

　　綫裝，八册。版框 21.3×15.5cm。半葉八行，行二十四字。白口，單黑魚尾，四周單邊。
　　前有萬曆辛亥（1611）除夕潘基慶跋，末卷爲附語。版心下鐫刻工及字數。是書版印清晰，品相較佳，文中多處有朱、墨筆圈點。

酒史六籍

酒系第一　　　　無懷山人編次

酒史　卷一

酒酉也釀之米麹酉釋而味笑也或曰就也所以就
人性之善惡也問酒之名義如是足矣而愽雅君子
徃徃以文為戲至立為姓字叙其家世出處若譜牒
之有世系然殆得之亡是叟乎然固酒之源也所當
首錄者也作酒系第一

陸龜傳　　　陸龜　　　唐子西撰

陸龜麹城人少與壺子商君相友善約先貴無相忘巳

酒史二卷　（明）馮時化編
明萬曆四十三年（1615）刻本

　　綫裝，一册。版框20.4×14cm。半葉十行，行二十一字。白口，單黑魚尾，四周雙邊。

　　馮時化，字應龍，別號與川，晚年自號無懷山人。前有萬曆乙卯（1615）春二月趙南星序云："《酒史》乃趙公（惟鄉）所刻，其版藏於公家。公之子曰叔開、季壯，孫繼之，以其字漸磨滅，將重刻之，而余爲之序。"趙惟鄉所刻乃明隆慶四年（1570）獨醒居士刻本。趙序後有順治己亥（1659）仲春魏裔介撰《馮與川酒史序》，此序字體與趙序及正文不同，疑爲後加，故不據此序定刻本年代。趙序下墨筆題"庚寅夏洱源馬子華購自北京"。馬子華（1912—1996），原名鍾漢，曾用筆名扈江蘺、秋星等，白族，雲南洱源人。是書與館藏《酒史續編》合爲一夾板。有朱、墨筆圈點。

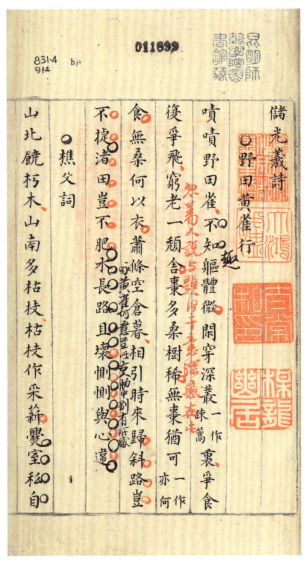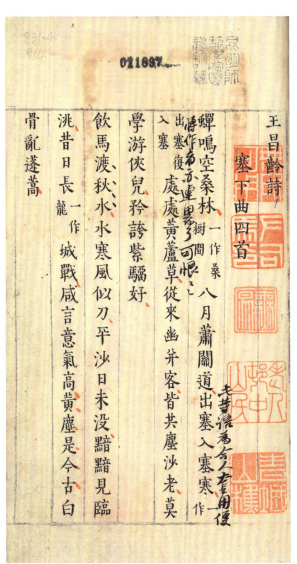

儲王合集不分卷　（唐）儲光羲、王昌齡撰

明萬曆四十七年（1619）抄本

　　綫裝，一函四册。版框20.4×14.6cm。藍格，半葉八行，行十九字。白口，四周單邊。

　　題名據函套封面簽題，簽題署"明鈔本／明宗室遺民手批"。書前後題跋共十一篇，除一篇晤莊居士跋語外，其餘皆手批者親題，多署"西州遺民"。題跋以時間爲序，記載是書抄録於明萬曆己未年（1619），隨手批者仕宦遷徙，纍積批點，最終被"鈐記藏之"的整個過程。全書以楷書精抄，不分卷，前二册抄録王昌齡詩172首，後二册抄録儲光羲詩230首。文中保留手批者大量行書批語及數十枚鈐印，故晤莊居士在跋語中稱是書"印篆纍纍，朱墨燦然"。

　　書中與手批者有關的鈐印有"西州遺民""西州遺民朱子""青城山還陽子""無易""觀書亭""無所可用""左司馬印""老人邨中山民""青城山樵""少司寇印""眉山老布衣""梅龍菴記""遠菴居士""菊水居士""無易氏""家住成都萬里橋""大鴻臚""太常私印""梅龍幽居"等。官印"廣東等處提刑按察司印""南京太常寺印""江西等處承宣布政使司印""南京鴻臚寺印"等。

　　是書不見他館收藏，據題跋考證，應爲海内孤本。曾經清代藏書家于昌進收藏，有藏印"文登于氏小謨觴館藏本""東海西山于氏課虛昭寂齋主人真賞印""子子孫孫""河陽季子藏書記"。

大明萬曆卌八年己未余在楚正署道命侍書録
三江寧儲魯國詩再次年庚申秦昌元年余
鎮井陘摸其行署宫午天啟元年三峰面調吾蒙
居之掌禎三年庚午八峰貴陽貴竟遷
年五峰長稍石江寧州遁之任调颖南觀察二年
石籍八年乙亥任江右左籍十三年己卯
任閩中鎮㲀浪遁遠當去冊金陵書臺十六年癸未

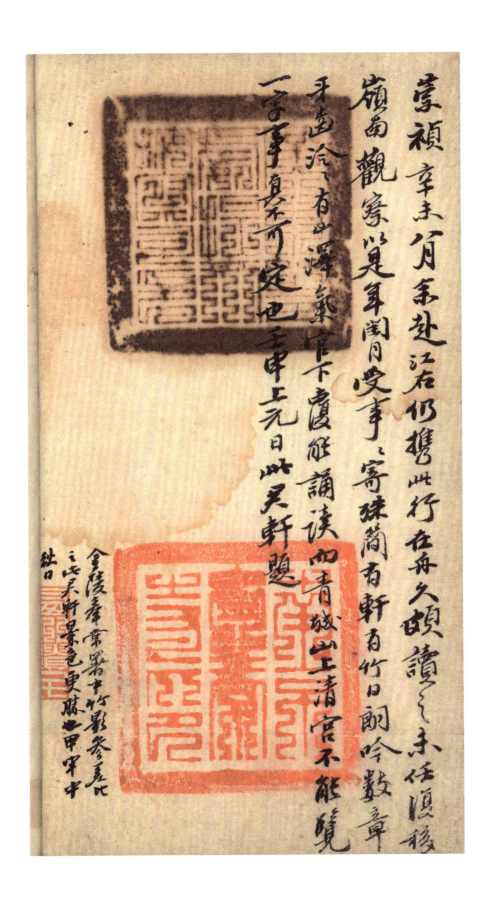

崇禎辛未自秋赴江右仍攜此行在舟久頗讀之未任頃移

嶺南觀察是年閏月受事寄鄰簡有軒百竹日朗吟數章

平居冷宦山澤氣官下遺艇誦讀兩青城山上清宮不能覽

一字手真不可定巴□壬甲上元日此吳軒題

金陵秦業署中竹影參差此
三此吳軒景邑更麻世甲中
社日

陶靖節集卷之一

詩四言

停雲 并序

停雲思親友也罇酒新湛園列初榮願
言不從歡息彌襟
靄靄停雲濛濛時雨八表同昏平路伊阻靜寄
東軒春醪獨撫良朋悠邈搔首延佇
停雲靄靄時雨濛濛八表同昏平陸成江有酒
有酒閒飲東窻願言懷人舟車靡從

諸葛忠武書卷之一

年譜

茂苑楊時偉編次

時偉按古人年譜無事則闕此特變體歲引
時事者維侯降神以挽炎祚而桓靈之傾圯
既深操權之竊據已固是故伊呂之征誅易
而孔明之興復難時爲之也光和以前蘊亂
未熾黃巾卓操適際侯生特紀厥要以志時
艱而事涉魏吳爲稍詳焉

合刻忠武靖節二編十九卷　（明）楊時偉編

明萬曆四十七年（1619）刻本

　　綫裝，二冊。版框 19.7×12.8cm。半葉九行，行十八字。白口，四周單邊。
　　前有萬曆己未（1619）楊時偉撰《合刻忠武靖節二編序》，題名據序。是編有《諸葛忠武書》十卷，《陶靖節集》八卷附錄一卷。《諸葛書》

卷末有由雲龍手録《錢泰吉曝書雜記》一則并題字。《陶集》小引末有墨筆題字："民國六年秋九月京師隆福寺街鏡古堂書坊。"有朱筆圈點。鈐印有"定庵真賞""定庵""由雲龍印""繡佛齋"。

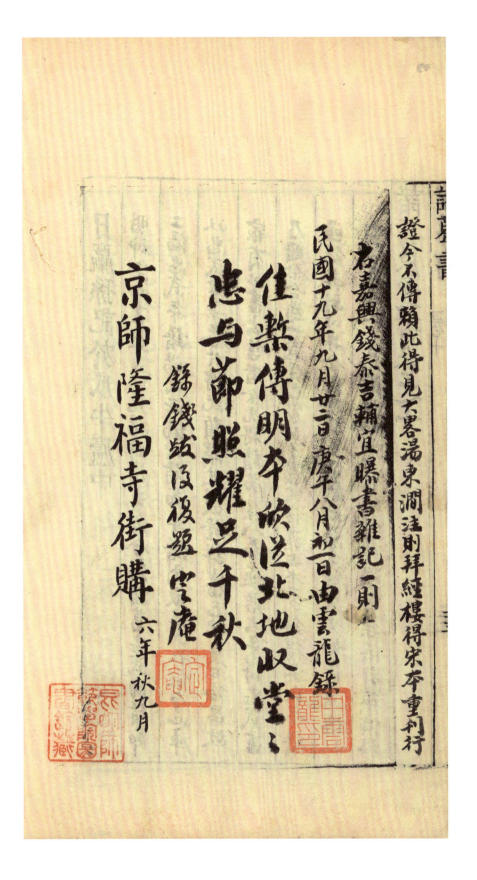

京師隆福寺街購 六年秋九月

忠与節照耀足千秋
錄錢竑校後題 空庵

佳槧傳明本欣送北地收堂之

民國十九年九月廿二日庚午八月初一日由雲龍錄

君嘉興錢泰吉輔宜曝書雜記一則

證令不傳賴此得見大暑湯東澗注則拜經樓得宋本重刊行

清閟閣遺稿十五卷　（元）倪瓚撰
明萬曆中倪珵刻本

綫裝，四冊。版框 21.5×13.8cm。半葉九行，行二十字。白口，單黑魚尾，四周單邊。

各卷卷端鎸有"雲林倪瓚元鎮父著／八世孫珵梓"。卷一首葉版心下書口鎸"馮汝高刻"。

末有萬曆二十八年（1600）倪錦跋。是書前十四卷爲倪瓚所撰，第十五卷爲倪瓚墓志銘及諸家題咏。鈐印有"余明遠印""忠節儒家"。

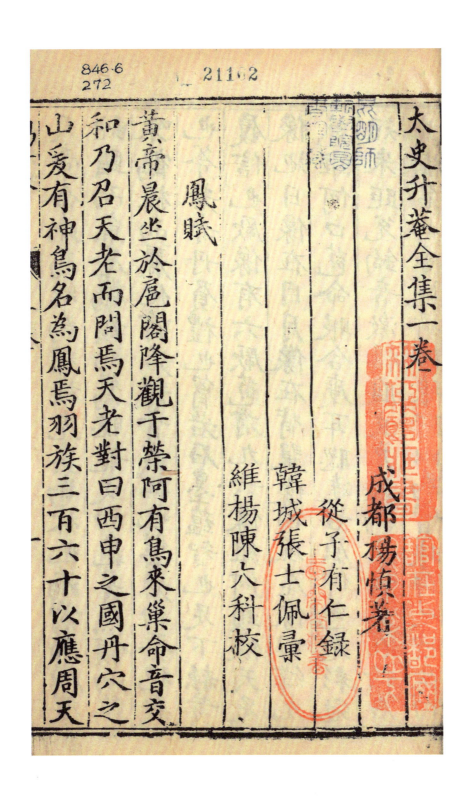

太史升庵全集八十一卷目録二卷　　（明）楊慎撰　（明）張士佩編

明萬曆刻本

綫裝，二十册。版框 20.3×14cm。半葉九行，行十九字。白口，單黑魚尾，四周雙邊。

前有明陳大科序。鈐印有"館在東都城北泉松山下""林垭館藏書""忠閑堂藏書""小澤印"。

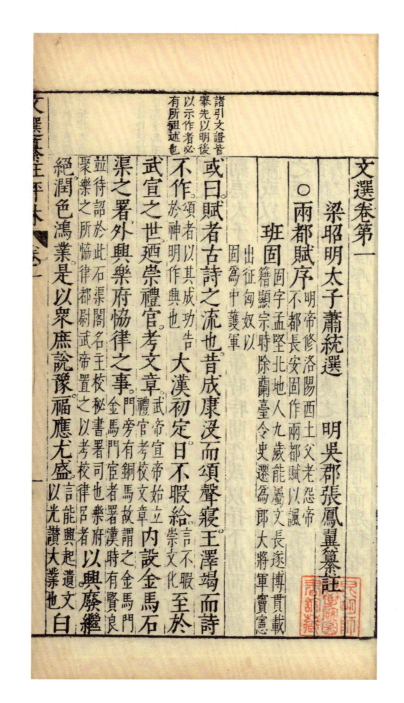

文選十二卷　（南朝梁）蕭統輯　（明）張鳳翼纂註

明萬曆刻本

　　綫裝，十二冊。版框 23.5×15.5cm。半葉十一行，行二十二字，小字雙行二十二字。白口，單黑魚尾，四周單邊。

　　是書前有蕭統《文選序》，唐顯慶三年（658）李善上表，唐開元六年（718）呂元祚上表，唐玄宗遣高力士所宣口敕，明萬曆八年（1580）張鳳翼《纂註序》。張鳳翼（1527—1613），字伯起，號靈墟，又稱靈虛先生、泠然居士，明長洲（今江蘇蘇州）人。善書，與其弟獻翼、燕翼三人皆有才名，時人號爲“三張”，吳人語曰：“前有四皇，後有三張。”是書卷一、三題名爲“文選”，其餘十卷題名“文選纂註評林”。版心題名“文選纂註評林”。鐫眉批。

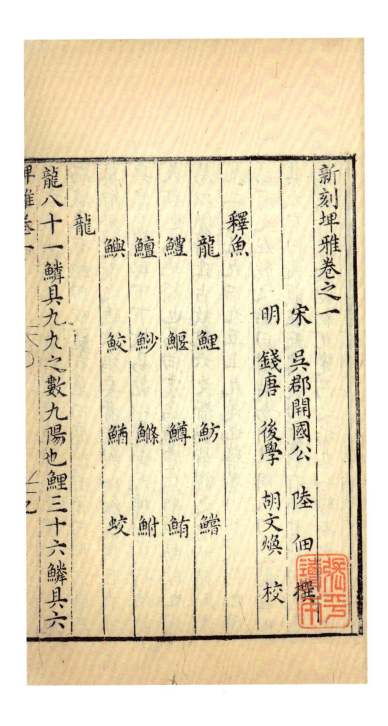

新刻埤雅二十卷　（宋）陸佃撰　（明）胡文煥校

新刻小爾雅全一卷　（漢）孔鮒撰　（宋）宋咸注　（明）胡文煥校

新刻廣雅十卷　（三國魏）張揖撰　（隋）曹憲音解　（明）胡文煥校

明萬曆胡氏刻格致叢書本

　　綫裝，二冊。版框 19.7×14cm。半葉十行，行二十字。白口，雙白魚尾，左右雙邊。　　原四冊合訂爲二冊，版同《格致叢書》本，爲叢書零種。鈐印有"張平讀本"。

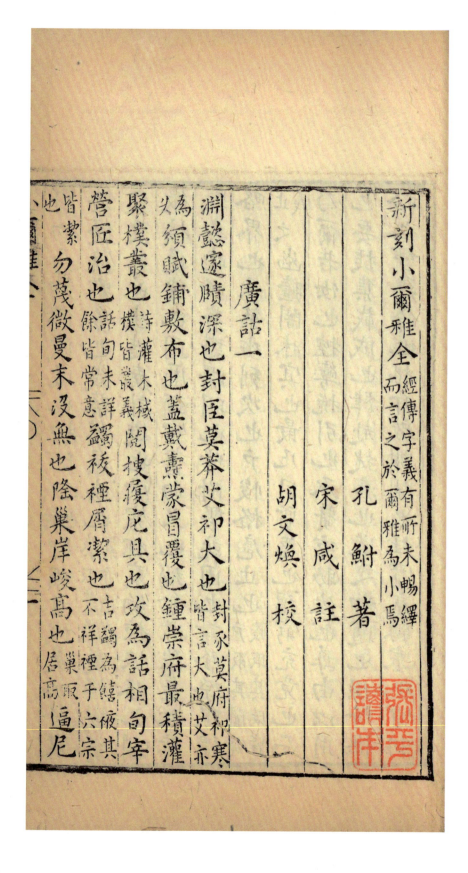

新刻小爾雅全 經傳字義有所未暢繹而言之於爾雅爲小焉

廣詁一

孔鮒著

宋咸註

胡文煥校

淵懿邃瀆深也封臣莫蕧艾祁大也 封冢莫府祁寒皆言大也艾亦

爲須賦鋪敷布也 蓋戴嘼蒙冒覆也 鍾崇府最積灌

聚樸叢也 灌木樷也樸叢義閱搜優庇具也攻爲話相旬宰

營匠治也 話皆常意 爲饎餕其不祥禋于六宗

皆綮也 勿蔑微曼末沒無也 隆巢岸峻高也 居高邊尼

新刻廣雅卷之一

魏　張揖著撰

隋　曹憲音解

明　胡文煥校正

釋詁

古昔先創方作造朔萌芽本根蘖蠹戶瓜蘖律昌盂

鼻業始也乾宮元首主上伯子男卿大夫令長龍嫡在粗戶

即將曰正君也道天地王皇豐豐苦雷傳殽

反兄㲲沛反浦會祐音稛衍臨巨佳方夸匯反胡

罍反罪反胡凱般張覺封典扶弗太賢胡腐赤以廣旁奄

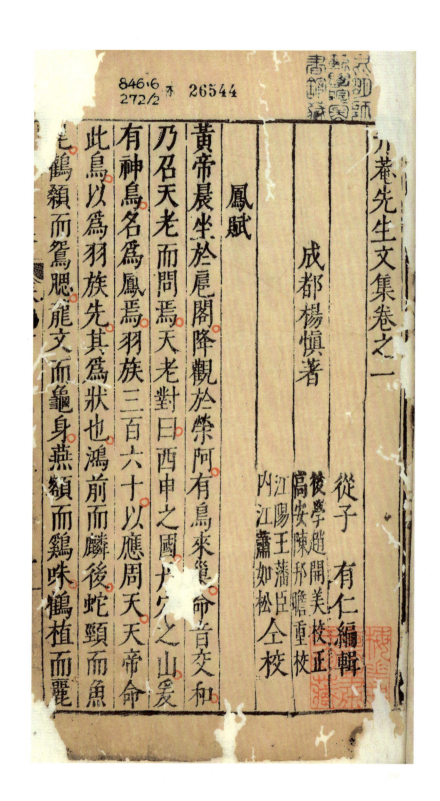

楊升庵先生文集六十卷目錄三卷　（明）楊慎撰

明萬曆刻本

　　綫裝，十三冊。版框 21×14cm。半葉十行，行二十字。白口，單黑魚尾，左右雙邊。

　　前有明萬曆十年（1582）陳文燭序。陳序後有"咸豐七年孟冬月儀庭羅鳳詔藏於鷰軒書屋"。

　　每卷題名下有"從子有仁編輯／後學趙開美校正／高安陳邦瞻重校／江陽王藩臣／内江蕭如松仝校"。有朱筆圈點。缺葉處有抄補。鈐印有"好讀書不求甚解""梅花邨裏蕭氏珍藏"。

○枕卽今之捲蓬

玉者猶玉

大戴禮論夏商之季失政而未亡其薛曰疆蔓未麾
人民未變思神未亡水土未氣糟者猶糟實者猶實
玉者猶玉血者猶酒者猶糟注糟以喻惡實以喻
善玉以喻賢人言尚賢其賢血憂邑也酒以喻樂言
尚憂其可憂而樂其可樂意者政雖巳失未至大亂
孟子所謂故家遺俗流風善政猶有存者周禮疏云
雖土崩而不亢解雖板蕩而不瓜分亦是此意但大
戴禮之文奇之又奇必老于文墨之處士也

須史

儳禮聘禮速賓辭曰寡君有不腆之酒請吾子与寡
君湏史焉注湏史言不敢久古者樂不踰辰燕不移
漏故少頃之間皆稱湏史湏史待也左傳寡君須矣是
也史字從甲乙乙屈也如今人請客云茶候屈降之
義今之所云俟屈古之所云須史也解字必宜如此
方暢本原

姑息

檀弓曰細人之愛人也以姑息且也息休也其義
□□曰樓尸子云紂棄黎老之言而用姑息之語注姑

元白長慶集一百三十七卷　（唐）元稹、白居易撰　（明）馬元調校

明萬曆婁堅元白合刻本

　　綫裝，十六冊。版框21×14.6cm。半葉十行，行二十一字。白口，單黑魚尾，左右雙邊。

　　是書封面題"元白長慶集／寶儉堂藏板"，題名據封面。《元集》前有萬曆三十二年（1604）婁堅《重刻元氏長慶集序》，宣和六年（1124）劉麟序，重刻《元集》凡例，又附錄宋祁所撰《元稹本傳》《元稹墓志銘》，後有乾道四年（1168）洪适跋。《白集》前有萬曆三十四年（1606）婁堅《重刻白氏長慶集序》，又附錄宋祁所撰《白居易本傳》，李商隱撰《白公墓志銘》并序及陶穀述撰《白樂天影堂記》。二集由明馬元調校。《元集》共六十卷，《補遺》六卷，《白集》七十一卷。鈐印有"由雲龍印"。

爾雅翼三十二卷　　（宋）羅願撰　　（元）洪焱祖音釋

明天啓六年（1626）刻崇禎六年（1633）重修本

　　六眼綫裝，一函六冊。版框 23.5×14.7cm。半葉九行，行十八字。白口，單黑魚尾，四周雙邊。

　　內封鐫"羅鄂州先生／爾雅翼／呈坎文獻祠藏板／照宋本考訂無訛"。序釋首葉版心下鐫"趙邦才刊"。洪焱祖跋後題"天啓丙寅從裔孫羅朗重訂"。卷末有崇禎六年羅炌跋，版式不一，爲重修時補刻。

史記集解序

裴駰

班固有言曰司馬遷據左氏國語采世本戰國策述楚漢春秋接其後事訖于天漢其言秦漢詳矣至於采經撫傳分散數家之事甚多疏略或有抵捂亦其所涉獵者廣博貫穿經傳馳騁古今上下數千載閒斯已勤矣又其是非頗謬於聖人論大道則先黃老而後六經序游俠則退處士而進姦雄述貨殖則崇勢利而羞賤貧此其所蔽也然自劉向揚雄博極群書皆稱遷有良史之才服其善序事理辯而不華質而不俚其文直其事核不虛美不隱惡故謂之實錄騂以為固之所言世稱其當雖時有紕繆實勒成一家總其大較信命世之宏才也考校此書文句不同有多有少莫辯其實而世之惑者定彼從此是非相貿真偽雜故中散大夫

十七史　（明）毛晉編

明崇禎元年至清順治十三年（1628—1656）毛氏汲古閣刻本

　　綫裝，三十六函二百七十四冊。版框21.7×15.5cm。半葉十二行，行二十五字，小字雙行三十七字。白口，單黑魚尾，左右雙邊。

　　前有清順治丙申（1656）毛晉撰《重鎸十三經十七史緣起》《編年重鎸經史目錄》。各史總目下鎸有開雕年月。每卷首尾葉版心鎸"汲古閣/毛氏正本"。牌記鎸"琴川毛鳳苞氏審定宋本"。內封鎸"汲古閣毛氏刊本/十七史/附宋遼金元"，館藏未見所附之書。

讀史集恨

　　瑞金楊以任惟節父輯

　　毘陵薛　寀諧孟父

　　金沙龔　銘瀫洲父定

　　古吳龔舜紹玄升父較

屈平作離騷詞

秦王約楚王會盟於武關屈平曰秦虎狼也有

并諸侯之心不可信也王稚子蘭勸王行王入

讀史四集四卷　（明）楊以任輯

明崇禎刻本

　　綫裝，八册。版框 20.3×14cm。半葉八行，行十八字。白口，單黑魚尾，四周單邊。
　　四集分爲《讀史集快》《讀史集恨》《讀史集瞻》《讀史集識》。快集前有崇禎丁丑（1637）錢邦芑《讀史四種序》，提是書乃龔舜紹"梓而傳之"。錢邦芑（1600—1673），字開少，明末詩文家，江蘇鎮江人。鎸眉批。鈐印有"鶴適齋""幼寶氏"。

分類補註李太白詩二十五卷　（唐）李白撰　（宋）楊齊賢集注　（元）蕭士贇補注　（明）許自昌校

明刻本

　　綫裝，六冊。版框 23.8×14.8cm。半葉九行，行二十字，小字雙行二十字。白口，單黑魚尾，左右雙邊。

　　前有萬曆三十年（1602）許自昌小引，寶應元年（762）李陽冰序，宋咸平元年（998）樂史序，貞元六年（790）劉全白撰《唐翰林李君碣記》，宋敏求後序、曾鞏序，元豐三年（1080）毛漸序。是書卷首有薛仲邕所編《唐翰林李太白年譜》一卷。鈐印有"鹽官姚氏古樸山房珍藏""涪陵傅翰聲珍藏"。

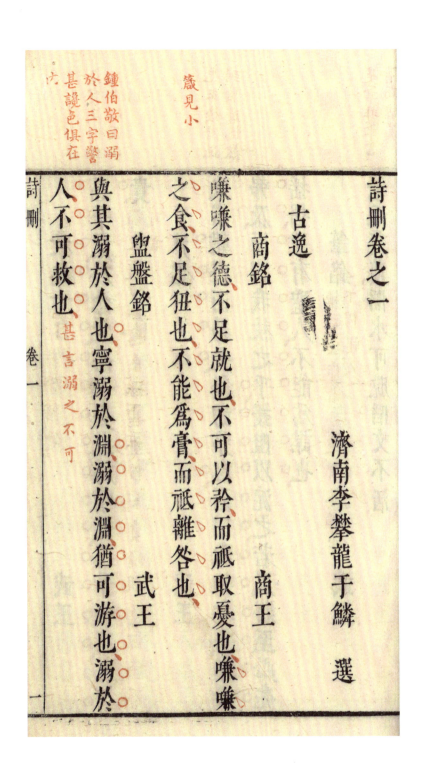

詩刪二十三卷　（明）李攀龍輯

明刻朱墨套印本

綫裝，十冊。版框 20.3×14.6cm。無格，半葉九行，行十九字。白口，四周單邊。

前有王世貞撰《詩刪序》。不避清朝諱。鐫鍾惺、譚元春批語。朱墨套印，眉批、旁批用朱印。

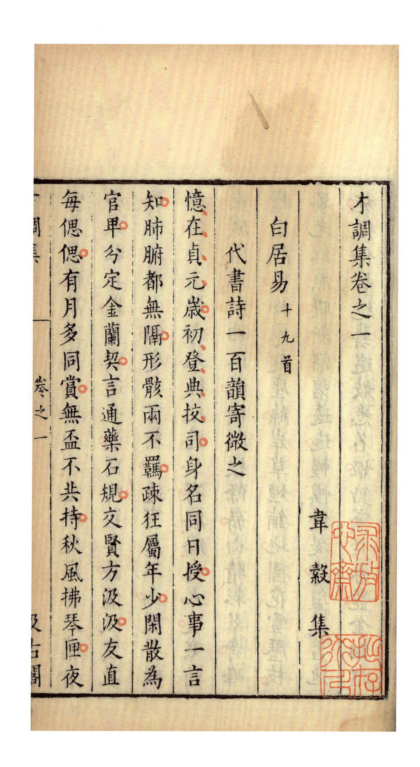

才調集十卷　（後蜀）韋縠輯

明末毛氏汲古閣刻本

　　綫裝，四册。版框 19×13.5cm。半葉八行，行十九字。白口，無魚尾，左右雙邊。

　　是書版心下書口鐫"汲古閣"。前有韋縠序，後有毛晉跋語。鈐印有"公弼""拙翁所藏""求放心齋""嶺南盧氏藏書"。

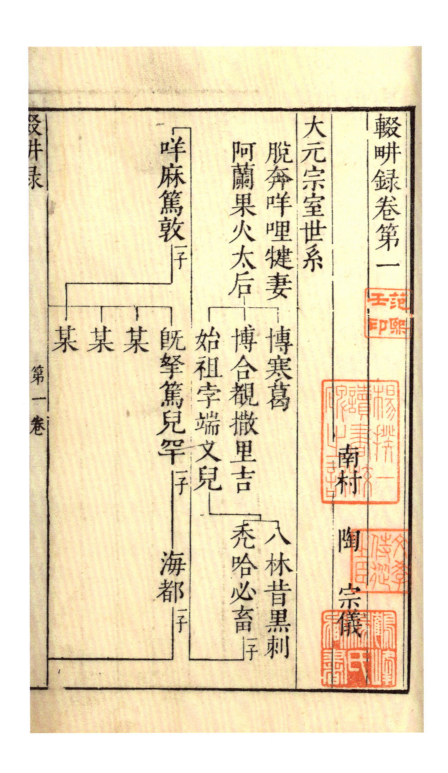

輟耕錄三十卷　（明）陶宗儀撰

明末毛氏汲古閣刻本

　　綫裝，十二冊。版框20×13.4cm。半葉九行，行十九字。白口，左右雙邊。

　　前有元至正二十六年（1366）孫作序及其撰《南村先生傳》。卷末有明成化己丑（1469）彭瑋跋及毛晉識語。鈐印有"鶴峰楊撰一默盦之印""楊撰一讀書校碑之記""琅玡王士禎貽上氏一字曰阮亭""黃陂范氏藏書""敬勝閣藏""文學侍從""阮亭""茗柯有至理""范熙壬印""文學侍從之臣""鶴峰楊氏藏書""陳襄之印"。

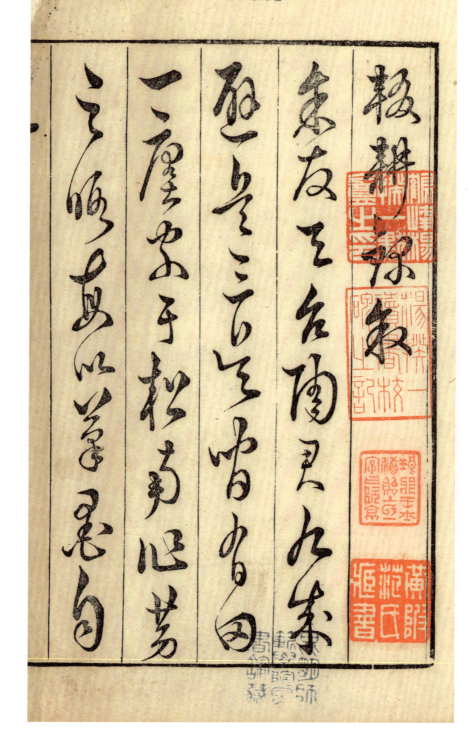

司馬文園集卷全

　　　　　　　漢蜀郡司馬相如著

　　　　　　　明太倉張溥閱

賦

○○子虛賦

楚使子虛使於齊齊王悉發境內之士備車騎之眾與使者出畋畋罷子虛過詫烏有先生而亡是公存焉坐定烏有先生問曰今日畋樂乎子虛曰樂獲多乎曰少然則何樂對曰僕樂齊

一

漢魏六朝一百三家集　（明）張溥輯

明末張溥刻本

　　綫裝，一百冊。版框 19.5×14cm。半葉九行，行十八字。白口，單黑或單白魚尾，左右雙邊。

　　題名據總目。前有張溥撰《漢魏六朝百名家集叙》，提刻書事。不避清朝諱。

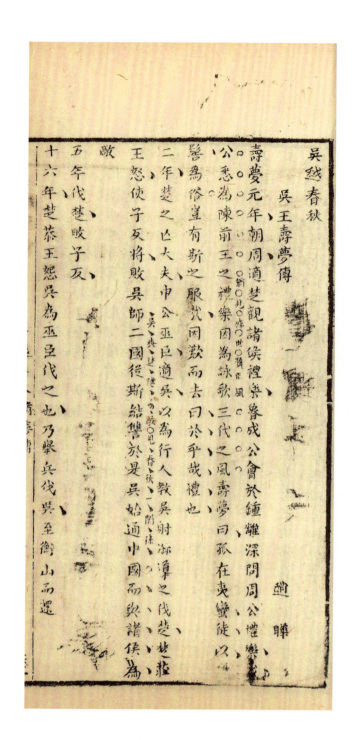

漢魏名文乘六十種　（明）張運泰、余元熹彙評

明末刻本

綫裝，四十册。版框 21×12.1cm。無格，半葉十行，行二十七字。白口，四周單邊。

前有閩書林張運泰撰《漢魏名文乘序》，閩書林余元熹撰《文始篇》。題名據張運泰序。總目題名"漢魏六十名家"。選例末鐫"壬午孟夏日張來倩識"。張運泰，字來倩。内封鐫"竟陵鍾伯敬先生評 / 漢魏叢書 / 華文堂藏板"。是書與傳世通行的《漢魏叢書》非同一種，乃雜采《漢魏叢書》《漢魏六朝百三家集》而成。各篇選文之後有張運泰、鍾惺、陳明卿、張溥等評語。鈐印有"惕僧"。

漢魏名文乘序

枌河東有言具剛方之力
不得馳驅疆場佐戎行而
致命欲報國恩惟有文章

漢魏叢書

竟陵鍾伯敬先生評

華文堂藏板

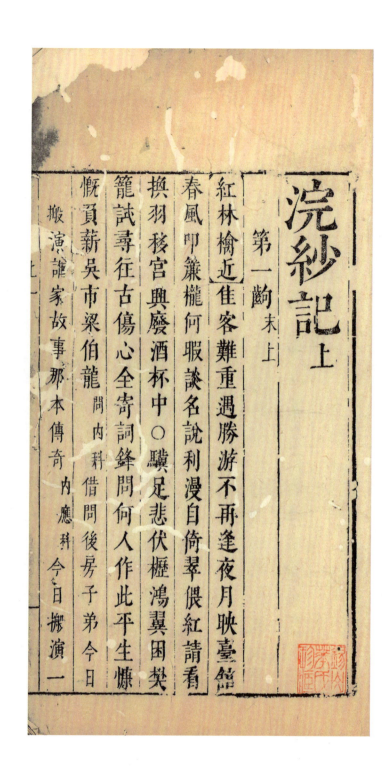

浣紗記二卷　（明）梁辰魚撰
明末毛氏汲古閣刻六十種曲本

　　線裝，六冊。版框 19.9×13.1cm。半葉九行，行十九字。白口，左右雙邊。
　　是書無序跋、無牌記，未題作者。版同毛氏

汲古閣刻六十種曲本，爲叢書零種。有抄補修復葉。鈐印有"錫山華氏珍藏"。

津逮秘書總目

第一集

子夏詩序　　　子貢詩傳
陸氏草木蟲魚疏　申氏詩說
王氏詩考　　　韓氏詩外傳
王氏詩地理考　鄭氏爾雅注

第二集

京氏易傳　　　蘇氏易傳
李氏易解　　　陸氏易釋文

津逮秘書十五集一百四十二種　　（明）毛晉輯
明末至清初毛氏汲古閣遞刻彙印本

　　綫裝，一百二十冊。版框 19.5×14.5cm。半葉九行，行十九字。白口，左右雙邊。

　　題名據序及總目。有崇禎庚午（1630）毛晉序。有胡震亨題辭及小引。總目錄全書分十五集，諱"玄"字。是書乃明末至清康熙間陸續刻成彙印，版式不一，有的版心下書口鎸"汲古閣"，有的未鎸，半葉或八行，或九行。鈐印有"湘西黃氏半園書屋東窗""徐惇復印""七來氏""无悔居士""靜吟館""敬齋""沈億蘭印""白華菴主"。

詩序

朱氏辨說　詩序之作說者不同或以為孔

子或以為子夏或以為國史皆

無明文可考唯後漢書儒林傳以為衛宏

作毛詩序今傳於世則序乃宏作明矣然

分以寳諸序本自合為一編而毛公始

鄭氏又以為諸篇之首則是毛公之前其下推諸儒多

久宏特增廣而潤色之耳故遂以其下推諸儒說云

以序之首句為一篇而肆為妄說云

者矣况沿襲云之私非經本文故且自為

句則已有不得詩人之本意而今考其首

云者為後人所益理或有之但

自謂別附於經後讀者又以尚有齊魯韓氏之說

一編傳於世故讀者亦有以知其出於後人乃不

並不盡信也及至毛公引以入經乃不

綴之手　之後而超冠篇端不為注文而直作經

渭南文集卷第一

天申節賀表

宋　陸　游　務觀

化國之日舒以長運啓千齡之盛天子有父尊
之至心均萬寓之驩敢卽昌期虔申壽祝賀　恭
惟太上皇帝陛下宅心清靜受命溥將協氣熏
爲太平華夷衛莫報之德孫謀以燕翼子宗社
侈無疆之休誕敷錫於下民丕靈承於上帝臣

陸放翁全集一百五十八卷　（宋）陸游撰
明末毛氏汲古閣刻本

　　綫裝，四十八册。版框 18.8×14.1cm。半葉
八行，行十八字。白口，無魚尾，左右雙邊。
　　題名據內封，內封鑴有"虞山詩禮堂張氏藏
板"。版心下書口鑴"汲古閣"。全集分爲《渭
南文集》五十卷，前有陸子遹跋、毛晉跋、鄭師
尹序，鄭序後有"宋板翻雕"。《劍南詩稿》
八十五卷，後有陸子虡跋、毛晉跋，部分卷末鑴

有'虞山毛晉宋本校刊／男扆再校／孫綏德又校'。
《放翁逸稿》二卷，後有毛扆題識。《南唐書》
十八卷附《音釋》一卷，前有趙世延序，末有毛
晉題識。《家世舊聞》一卷，卷末有毛晉題識。
《齋居紀事》一卷，卷末有毛扆題識。鈐印有"夔
舉""由氏伯号珍藏""樂天知命""由宗龍印""收
購由氏涵翠樓藏書"。

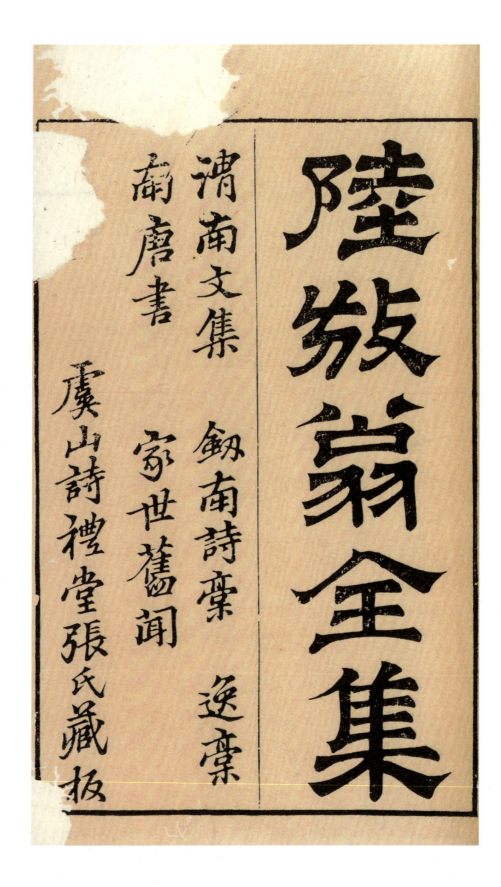

陸放翁全集

渭南文集

庵唐書

劍南詩稿　逸稿

家世舊聞

虞山詩禮堂張氏藏板

繡襦記 上

第一齣 末上

鄭子元和榮陽人氏雋朗超羣應長安鄉試李娃

眷戀追歡買笑暮雨朝雲忽爾囊空李娘計遣路

賺東西忽莫伸遭磨折殘生幾喪進退無門貧寒

徹骨傷神嘆飢吻號猿衣結鶉幸逢娃痛惜繡襦

護體乳酥滋胃復振精神剔目勸學登科參軍之

任父子萍逢訴此因行婚禮重諧伉儷天寵沐殊

繡襦記上 一

繡襦記二卷 （明）徐霖撰

明末毛氏汲古閣刻六十種曲本

綫裝，二冊。版框 19.9×13.1cm。半葉九行，行十九字。白口，左右雙邊。

是書無序跋、無牌記，未題作者。《繡襦記》

另有明刻朱墨套印本，題薛近兗撰。此版同毛氏汲古閣刻六十種曲本，爲叢書零種。

33572

846.6
951

徐文長文集卷之一

公安袁宏道中郎評點

門人閔德美子善校訂

賦

涉江賦　襟期超曠

晉潘岳作秋興賦序稱三十有二歲始見二毛時岳
爲賈充掾寓直散騎之省見省中多富貴人乃起歸
來之想及作閒居賦自述多落而少遷以見拙宦雖
卒歸退休然合前賦而觀之誠見其嗜醇釀而姑言

徐文長文集三十卷　（明）徐渭撰　（明）袁宏道評點

明末鍾人傑刻本

　　綫裝，六册。版框 20.8×14.8cm。半葉九行，行二十字。白口，單白魚尾，四周單邊。

　　前有黃汝亨序，言鍾人傑刻書事。鍾人傑，字瑞先，明末錢塘人。有陶望齡撰《徐文長傳》、袁宏道撰《傳》。目録所載"四聲猿附"，正文缺如。有朱筆圈點。鈐印有"小瑯環""芸閣留芬""護花館藏書圖記""黃岡杜氏""黃岡杜氏家藏""杜本倫印""知道齋藏書""汲汲堂"。

元史紀事本末二十七卷　　（明）陳邦瞻編　　（明）臧懋循補輯　　（明）張溥論正

明末刻本

綫裝，四冊。版框 18.5×14cm。半葉九行，行二十字。白口，單黑魚尾，左右雙邊。

張溥，明末人。不避清朝諱。鐫眉批。鈐印有"桐西胡昌基字星禄号云尉""石瀨山房"。胡昌基（1750—1836），浙江平湖人，清乾隆五十四年（1789）副貢生，工詩文，著有《石瀨山房詩集》《石瀨山房詩話》等。

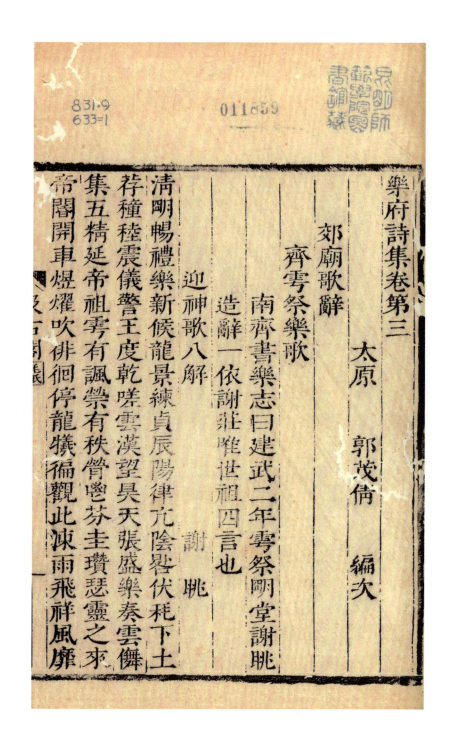

樂府詩集一百卷目録二卷　　（宋）郭茂倩編

明末毛氏汲古閣刻本

　　綫裝，十六册。版框 18×14.5cm。半葉十一行，行二十一字。白口，單黑魚尾，左右雙邊。

　　内封鎸"宋本勘定／郭茂倩樂府／汲古閣藏"。每卷首、末葉版心鎸"汲古閣／毛氏正本"，卷末有"東吳毛晉訂正／男扆再訂"。書前有元至正六年（1346）李孝先序，書後有毛晉跋，稱是書"因丐太宗伯錢師榮木樓所藏宋刻，手自讎正，九閱月而告成"。錢師即錢謙益，榮木樓爲錢謙益的藏書樓。可見，此書先是毛晉據錢謙益所藏宋刻本校訂刊刻，其子毛扆又在毛晉刻本基礎上校訂而成。

中州集十卷中州樂府一卷　（金）元好問編

明末毛氏汲古閣刻本

　　綫裝，十冊。版框 19.3×13.5cm。半葉八行，行十九字。白口，無魚尾，左右雙邊。

　　是書內封鐫“汲古閣正本 / 中州集 / 樂府集”。版心下鐫“汲古閣”。《中州集》卷前有弘治九年（1496）嚴永潜序，又有元好問序，卷末有毛晋識語，淳祐十年（1250）張德輝後序。《中州樂府》卷前有嘉靖十五年（1536）彭汝寔序，卷末有嘉靖十五年毛鳳韶後序，毛晋識語。鈐印有“學然後知不足”“虞山俞鴻籌印”。俞鴻籌（1908—1972），字運之，號嘯琴，別署屛提居士、舍庵居士，江蘇常熟人。

雲南師範大學圖書館藏古籍善本圖錄

清代

慈溪黃氏日抄分類三十一卷古今紀要十五卷　（宋）黃震輯

清初木活字印本

　　綫裝，三十二冊。版框 18.5×13.5cm。半葉十行，行二十一字。白口，單黑魚尾，左右雙邊。

　　傳世《黃氏日抄》多九十七卷本，《古今紀要》十九卷本。是書《日抄》三十一卷，《紀要》十五卷，從目録看，并非殘本，或當時僅選取如是卷數刻印。《中國古籍版刻辭典》"榮荆堂"一條載："明萬曆間常熟一刻書家的室名。刻印過宋黃震《慈溪黃氏日抄》三十一卷（木活字本）。"可證有三十一卷本。是書諱"玄"不諱"弘"，"玄"字時諱時不諱，避諱不嚴，《日抄》卷二第六葉有倒字，爲清初活字印本。有元惠宗至元三年（1337）沈遠序。

發之恐後學看苟字粗淺故於或問故再發以足之

說似微不同實則經文惟言免字晦庵言苟免字以

上作亂而脫漏憲網以幸免於刑誅之謂哉愚按二

不敢為非真有免為罪戾耳豈冒犯不義以至於犯

皆以苟免為言殊失文意蓋所謂免正以其革面而

集註謂苟免刑罰而無所羞恥或問謂范呂謝尹氏

民免無恥章

為政篇

於集註有發

不失其可親之人則源流既正亦可宗之也此語似

張司業詩集卷第一

樂府上四十首

古釵歎

寶釵墜井無顏色百尺泥中今復得鳳凰宛轉
有古儀欲爲首餙不稱時女伴傳看玉窗下羅
袖拂拭生光輝蘭膏巳盡股半折雕文刻樣無
年月錐離井底入匣中不用還與墜時同

別離曲

行人結束出門去馬蹄幾時更蹋門前土憶昔
君初納采時不言身屬遼陽戍早知今日當別

張司業詩集八卷拾遺一卷　　（唐）張籍撰

清順治刻本

　　綫裝，一函四册。版框 16.8×13.5cm。半葉十行，行十八字。白口，單黑魚尾，左右雙邊。

　　書前有張洎序，目録後有湯中序，末有淳祐六年（1246）魏峻跋，錢謙益跋，馮班識語。據馮班稱得此本於錢謙益，錢得於趙清常。錢謙益、馮班稱此本是張集最佳的本子。趙開美（1563—1624），號清常，明代著名藏書家。馮班爲馮舒之弟，馮舒爲清順治時人。不諱"玄"。鈐印有"福州陳氏止室珍藏""陳鑣""虛室生白吉祥止止""止室"。陳鑣（1877—1939），字任先，號止室。

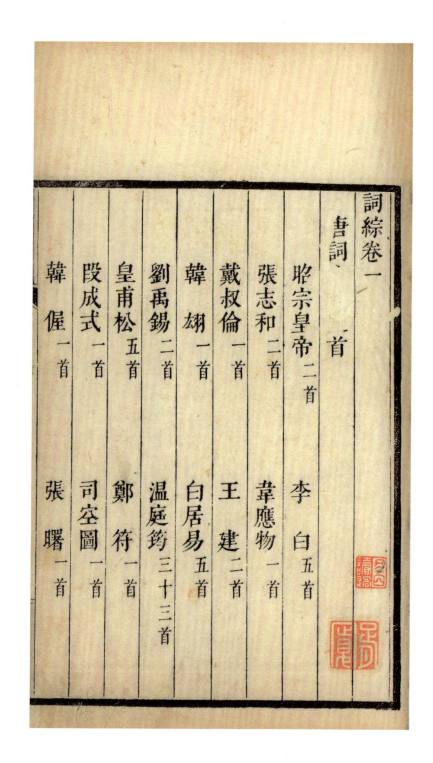

詞綜三十卷　（清）朱彝尊輯　（清）汪森增輯

清康熙十七年（1678）汪森裘杼樓刻本

　　綫裝，十冊。版框 19.1×14.3cm。半葉十行，行二十一字，小字雙行二十一字。黑口，單黑魚尾，左右雙邊。

　　是書内封鎸"朱錫鬯／汪晉賢同輯／詞綜／明詞嗣出／裘杼樓藏版"。前有康熙十七年（1678）汪森序，朱彝尊發凡。總目下題"秀水朱彝尊抄撮／休寧汪森增定／嘉善柯崇樸編次／嘉興周篔辨僞"。有朱筆圈點批注。鈐印有"裘杼樓""休陽汪氏圖書""劍川周氏經德堂藏書印""陳氏家藏""任城""息月軒圖書印"等。

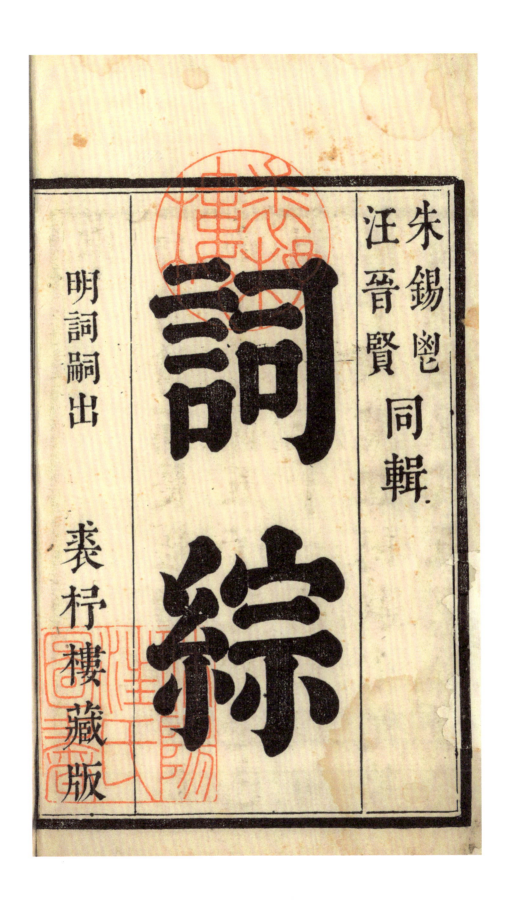

朱錫鬯
汪晉賢　同輯

明詞嗣出

詞綜

裘杼樓藏版

廣輿記卷之一

雲間陸應陽伯生原纂

平江蔡方炳九霞增輯

直隸

京畿總畧按直隸為王畿之地左環滄海右擁太

行南襟河濟北枕燕然所謂勢援地以峙嵘氣

摩空而前勞者也順天為金元明建都地

國朝仍定鼎於此地理家謂從崑崙發源其地為

北幹之正結或云鴨綠江外尚有大幹為護其

地為崑崙之中脈要其綿亘萬餘里始入中國

廣輿記二十四卷圖一卷　（明）陸應陽纂　（清）蔡方炳增輯

清康熙二十五年（1686）刻本

綫裝，八冊。版框 21.2×15.2cm。半葉十行，行十九字。白口，單黑魚尾，左右雙邊。

前有康熙丙寅（1686）蔡方炳撰《增訂廣輿記序》，并凡例及提要。版心下鐫地名。有抄補。

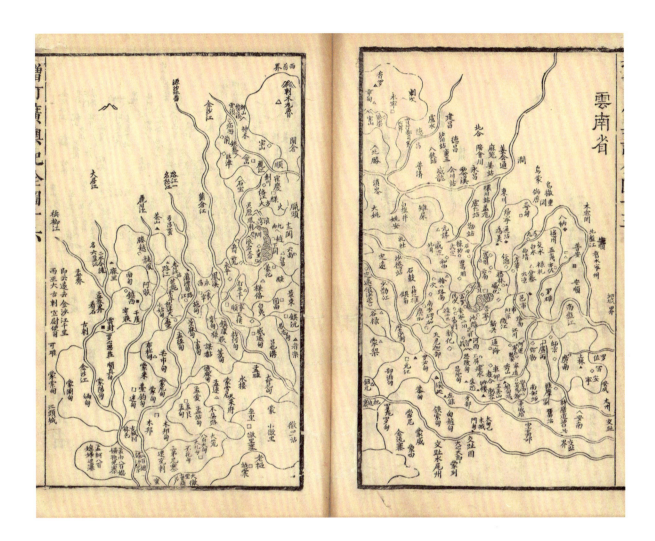

邵弢毅先生遺集

仁和邵戒三學士重訂

宏簡錄

是編網綜群雅通志是唐五代迄宋遼金令九史共爲一書訓未
版燬於火遂失其傳茲特重加較梓以供好古者之采覽所謂
綱目出而群書廢是編出而諸史可不設也識者珍之

弘簡錄二百五十四卷　　（明）邵經邦撰

清康熙二十七年（1688）仁和邵氏刻乾隆後印本

　　六眼綫裝，八夾八十冊。版框 20.3×15cm，半葉十二行，行二十四字。白口，單黑魚尾，四周單邊。

　　有康熙二十七年（1688）邵錫蔭《重刻弘簡錄後序》，提刻書事。内封鐫名"宏簡錄"，正文諱"弘"。館藏另有七冊殘本，存卷二百十三至二百五十四，與此本同版，版心及卷端題名等處"弘"字未諱，可證此本諱字爲後印時挖改。

弘簡錄卷二百十五

明刑部員外郎仁和弘齋鄒經邦學

皇清翰林院侍講學士四世孫遠平校閱

載記

金主之二

太宗皇帝諱吳乞買改諱晟世祖第四子生遼太康元年己卯
初為穆宗養子太祖親愛之遇征伐常留居守天輔五年賜詔
曰汝惟朕之母爭義均一體是用貳我國政凡軍事遵者閣寶
其罪從宜處之其餘事無大小一依本朝舊制七年又詔今遼
主盡喪其師奔于夏國遼官特列遷設等刼其子雅里而立之
已留宗翰等措畫朕親巡己久功亦大就所覆州部正須綏撫
是用還都八月中旬可至春州汝率內戚迎我若至豹子崖尤
善太祖既崩國論勃極烈杲鄰王昂宗峻宗幹及百官請正帝

館藏乾隆後印本

弘簡錄卷二百十五

明刑部員外郎仁和弘齋鄒經邦學

皇清翰林院侍講學士四世孫遠平校閱

載記

金主之二

太宗皇帝諱吳乞買改諱晟世祖第四子生遼太康元年乙卯
初為穆宗養子太祖親愛之遇征伐常留居宅天輔五年賜詔
曰汝惟朕之母爭義均一體是用貳我國政凡軍事遵者閣寶
其罪從宜處之其餘事無大小一依本朝舊制七年又詔今遼
主盡喪其師奔于夏國遼官特列遷設等刼其子雅里而立之
已留宗翰等措畫朕親巡己久功亦大就所覆州部正須綏撫
是用還都八月中旬可至春州汝率內戚迎我若至豹子崖尤
善太祖既崩國論勃極烈杲鄰王昂宗峻宗幹及百官請正帝

館藏康熙刻七冊殘本

青門簏槀卷之一

毗陵　邵長蘅子湘蓁　一名衡

靳州　顧景星赤方批點

詩一　擬古樂府

當雁門太守行賦崔常州　古質是漢樂府

太守出行雙輈朱四牡驂驔映交衢高顴廣額黃顉鬚

借問太守誰家世遼東云姓崔一太守稍由別駕遷鈞兵十

距摘伏黤若青天大吏袖手坐小吏不索錢二解遼兵至

萬來掠斂莫譙訶前騎擁婦女後騎牽駱駝太守馬至

囁嚅耳語稍稍引避去三解坐巨艦擂大鼓漕卒千艘氣

邵子湘全集三十卷　（清）邵長蘅撰

清康熙三十二年至四十四年（1693—1705）邵氏青門草堂遞刻彙印本

綫裝，八冊。版框18.6×14.2cm。半葉十行，行二十一字。黑口，單黑魚尾，左右雙邊。

題名據內封，鐫"青門草堂藏板"。有康熙癸酉（1693）自序及邵璿識例言，提刻書事。《賸稿》總目末有康熙乙酉（1705）李必恒識語，言補刻總目事。《簏稿》目錄所附《邵氏家錄》二卷，正文缺如。

是書曾爲王體仁舊藏。王體仁（1873—1938），字綬珊，浙江紹興人，遷居杭州。清末秀才，以經營鹽業起家，嗜典籍，築九峰舊廬於杭州，藏書千餘種，尤以方志著稱，自纂《九峰舊廬方志目》，杜國盛爲其撰有《九峰舊廬藏書記》。辛亥以後居上海，部分珍籍儲上海。鈐印有"杭州王氏九峰舊廬藏書之章""九峰舊廬珍藏書畫之記"。

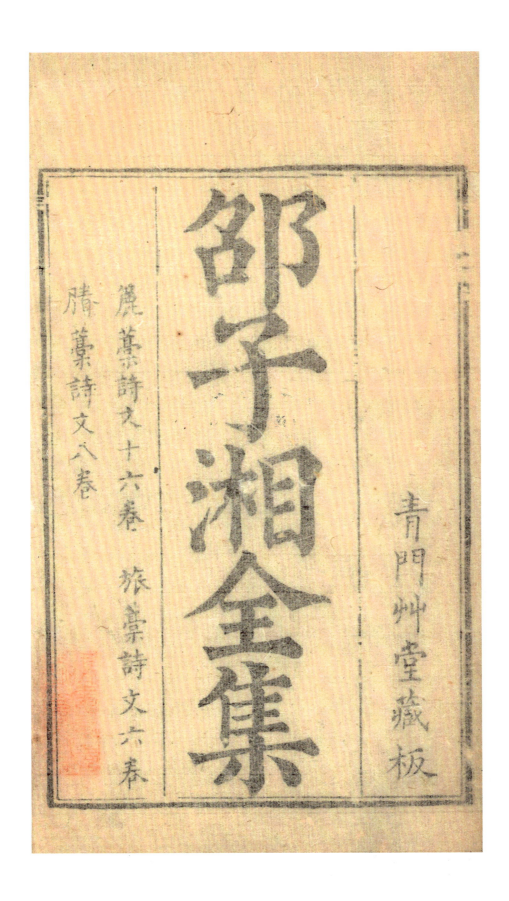

邵子湘全集

青門艸堂藏板

麗農藁詩文十六卷　旅藁詩文六卷

晴藁詩文八卷

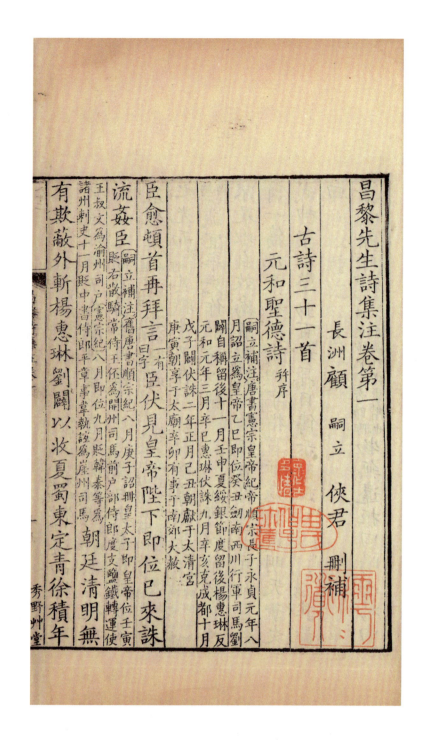

昌黎先生詩集注十一卷年譜一卷　（唐）韓愈撰　（清）顧嗣立刪補

清康熙三十八年（1699）顧氏秀野草堂刻本

　　綫裝，四冊。版框 19.4×15cm。半葉十一行，行二十字，小字雙行三十字。白口，單黑魚尾，左右雙邊。

　　內封鐫"秀野草堂藏板"，鈐"別裁偽體親風雅"陰文朱印、"進呈御覽"雙龍戲珠圓形朱印。前有康熙三十八年顧嗣立序，言刻書事。凡例後

鐫"吳郡鄧明璣初驤開雕"。版心上書口鐫字數，下書口鐫"秀野艸堂"及刻工名。有朱筆圈點。凡例後有由雲龍題字，言藏書之事。鈐印有"定庵""夔舉珍藏""由宗龍印""懷古多情""由氏伯号珍藏""樗樗道人""樂天知命""由雲龍同志捐獻"。

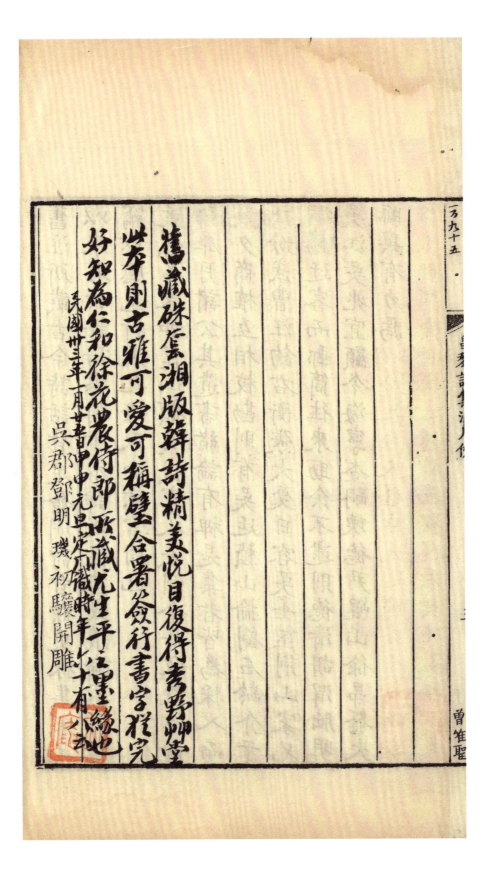

舊藏磋套湘版韓詩精美悅目復得秀野艸堂

此本閒古雅可愛可稱壁合署籤行書字粗究

好知為仁和徐花農待郎所藏尤生平七二墨緣也

民國卅三年一月廿晉甲申元旦定戲時年六十有六云

吳郡鄧明璣初驤開雕

雲南府志卷之第一

地理志一

茫茫黃輿職方可記惟滇會區西南要地握兩

迤樞應井鬼位地靈所鍾物華所萃昆水深凝

金碧高崎秀谷蒼巒奔赴而至疆域既雄形勢

自異時序既和畜植自利況爾民風簡樸易治

狀之育之厥有其事往哲前賢茂蹟不墜援筆

畧書以資考識志地理

雲南府志 卷之一 圖 一

輿 圖

[康熙]雲南府志二十五卷　　（清）張毓碧修　　（清）謝儼等纂

清康熙三十八年（1699）刻本

綫裝，二十冊。版框 20×15cm。半葉九行，行十九字。白口，單黑魚尾，四周雙邊。

是書有書目著録二十六卷者，實存二十五卷，卷二十六未印。館藏此本目録止於二十五卷，未提及二十六卷。卷前有康熙三十三年范承勳、于三賢、張毓碧三序。卷一有輿圖。各家同版藏本多定爲清康熙三十五年刻本，是書卷十一《官師志》內容記載至康熙三十八年，據此定版本年代。鈐印有"國立西南聯合大學圖書館藏"。

隆平集第一卷

宋曾文定公編譔

南豐後學　湯來賀參

彭期訂　男立　亮　齊承袞校

聖緒　　　　　　　　　　章育校

聖宋趙姓帝高賜氏之後自漢京兆尹廣漢而下世

君涿郡爰及唐季僖祖生焉燕薊之俗尚武時有僖

祖以儒學顯終於縣令歷永清文安幽都三邑順祖

即其子也少博學有時譽終於御史中丞翼祖即其

隆平集二十卷　（宋）曾鞏撰

清康熙四十年（1701）南豐彭期七業堂刻本

　　綫裝，十冊。版框20×13cm。半葉九行，行二十字。白口，單黑魚尾，左右雙邊。
　　內封鐫"康熙辛巳年新鐫／宋曾文定公隆平集／七業堂校"。有康熙四十年彭期撰《校刻隆平集序》。

有懷堂文藁卷一

頌

典學勤政頌

臣焱言臣伏稽尚書獨載堯以來則百家之說二皇制
作與孔子所傳五帝德雖甚章多弗深考獨二典三謨
所載祗撫時熙績封山濬川命德討罪隆禮和樂諸大
政而學不及焉然危微之四言足以蔽之矣自是仲虺
始言仁湯誥始言性太甲始言誠而說命始言學皆見
於商書則孔子之傳所自來也由是觀之帝王之學固
與不得位者異皆於政乎驗之而探政本者亦即於學
乎決之未嘗有政外之學學外之政也恭惟
皇帝陛

有懷堂文稿二十二卷詩稿六卷　（清）韓菼撰

清康熙四十二年（1703）刻本

綫裝，六冊。版框18.7×13.7cm。半葉十一行，行二十一字。白口，單黑魚尾，四周單邊。

《文稿》《詩稿》前均有康熙四十二年自序。鈐印有"真州吳氏有福讀書堂藏書"。

續弘簡錄元史類編卷之一

皇清詹事府少詹事仁和邵遠平戒山學

世紀一

太祖皇帝諱鐵木真姓奇渥溫氏蒙古部人其先世有曰脫奔

咩哩犍妻曰阿蘭果火夜寢帳中夢白光自天而下化金色神

人趨臥榻遂驚覺有娠生子曰字端乂兒

日字合散赤字端乂兒其季也

癡阿蘭獨曰此兒非癡後世子孫當有大貴者歷四世曰海都

家為押刺忽兒部所破止海都存其季父納真斈八刺忽忒谷

諸民共立為君長海都阮立轉攻押刺伊兒部役屬之形勢寝

大列營帳于八刺合黑河上跨河為梁以便往來由是隣部歸

普漸衆其後子孫蕃衍各自為族曰哈答吉日散只兒曰吉卹

續弘簡錄元史類編四十二卷　　（明）邵遠平撰

清康熙四十五年（1706）刻乾隆後印本

　　六眼綫裝，一夾二十册。版框20.4×15cm，半葉十二行，行二十四字。白口，單黑魚尾，四周單邊。

　　有康熙四十五年朱彝尊序。版心及卷端題名等處"弘"字缺筆，與館藏《弘簡錄》版式相同，應同於乾隆年間挖改後印。有抄補修復葉。

御選歷代詩餘一百二十卷　　（清）愛新覺羅·玄燁選　（清）沈辰垣等編

清康熙四十六年（1707）刻本

　　綫裝，五十冊。版框 16.9×11.7cm。半葉　　　是書前有康熙四十六年御製序，職臣表及欽
十一行，行二十一字，小字雙行不等。白口，雙　定凡例。總目及各卷目錄下印有"福建鼇峰書院
黑魚尾，左右雙邊。　　　　　　　　　　　　　藏書"朱字。

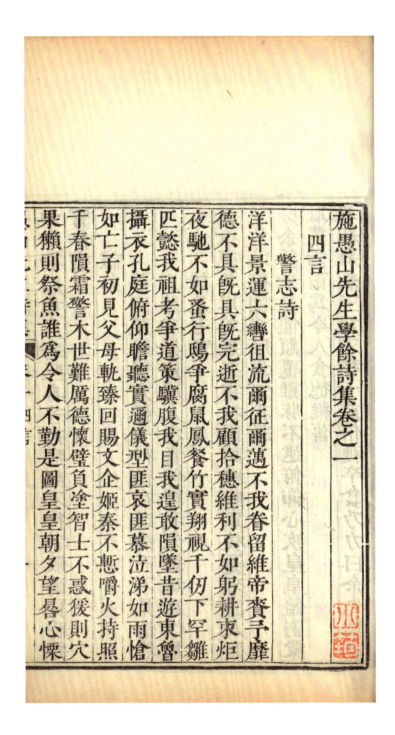

施愚山先生學餘詩集卷之一

四言

警志詩

洋洋景運　六鬱祖流　爾征爾邁　不我眷留　維帝賚予靡
德不具　既具既逝　不我顧拾穗　維利不如躬耕束炬
夜馳不如蚤行　賜爭腐鼠　鳳餐竹實　翔視千仞　下罕雛
匹懿我祖考　爭道策驥腹　我目我遑　敢隕墜　昔遊東魯
攝衣孔庭　俯仰瞻聽　實通儀型　匪哀匪慕　泣涕如雨愴
如亡子　初見父母　軌臻回賜　文企姫泰　不愨嚼火持照
千春隕霜　警木世難　厲德懷璧　負塗智士不惑　猨則穴
果獺則祭魚　誰爲令人不勤　是圖皇皇朝夕　望晷心慄

施愚山先生全集九十六卷　（清）施閏章撰

清康熙四十七年至乾隆三十年（1708—1765）遞刻彙印本

緥裝，二十冊。版框 17.6×13.9cm。半葉十一行，行二十一字。白口，單黑魚尾，四周雙邊。

施閏章，字尚白，號愚山，安徽宣城人。全集含《詩集》五十卷、《文集》二十八卷、《別集》四卷、《外集》二卷、《施氏家風述略》一卷，附施彥恪輯《施氏家風述略續編》一卷、施念曾編《施愚山先生年譜》四卷、施瑮撰《隨村先生遺集》六卷。是書由施愚山先生子孫編校，遞刻彙印而成。《詩集》《文集》內封鎸"棟亭藏本"，卷終下鎸"康熙戊子九月棟亭梓行"。《外集》前有乾隆乙酉（1765）愚山先生曾外孫劉琦跋，言刻書事。有抄補葉。鈐印"小筥""惜花仙館"。

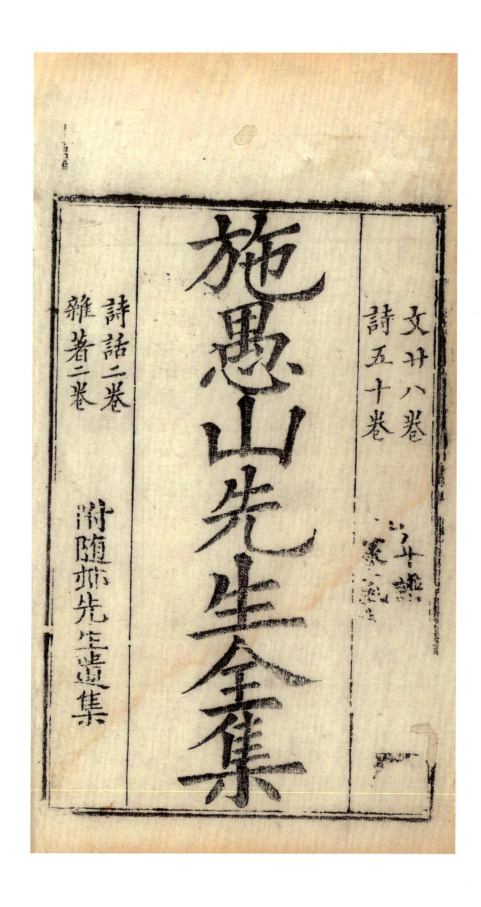

施愚山先生全集

文廿八卷

詩五十卷

詩話二卷

雜著二卷

附隨邨先生遺集

帶經堂集七編九十二卷　（清）王士禎撰　（清）程哲校編

清康熙五十年（1711）程哲七略書堂刻本

　　綫裝，三十二冊。版框 18.5×14cm。半葉十行，行十九字。白口，單黑魚尾，左右雙邊。

　　內封鐫“王阮亭先生著／蠶尾文／帶經堂集／七略書堂校刊”。卷首有程哲序，提刻書事。《詩集》前有康熙壬辰（1712）程哲序。全書七編爲《漁洋詩集》二十二卷、《續詩》十六卷、《文集》十四卷，《蠶尾詩集》二卷、《續詩》十卷、《文》八卷、《續文》二十卷。版心上書口鐫字數。鈐印有“理經堂藏書記”“綸常”“古綿山人”“由雲龍印”“由雲龍”“夔舉”。

瀛奎律髓卷之一

宋紫陽方虛谷先生選

登覽類

登高能賦於傳識之名山大川絕景極目

能言者眾矣拔其尤者以充雋永且以為

諸詩之冠

五言二十首

度荊門望楚　陳子昂

遙遙去巫峽望望下章臺巴國山川盡荊門煙霧

開城分蒼野外樹斷白雲隈今日狂歌客誰知入

瀛奎律髓四十九卷　（元）方回輯

清康熙五十二年（1713）刻本

　　綾裝，十五冊。版框 16.4×13.1cm。半葉十行，行十九字，小字雙行二十五字。白口，雙黑魚尾，左右雙邊。

　　是書前有康熙五十二年沈邦貞序，明成化三年（1467）龍遵叙序，方回原序，吳寶芝舊序，康熙五十一年吳寶芝記言和吳之振序，康熙五十二年宋至序。鈐印有"忠州李士棻字重叔印""忠州李芋仙隨身書卷""耕讀山房珍藏""芋仙過眼"。李士棻（1821—1885），忠州（今重慶忠縣）人，字重叔，號芋仙，別號二愛山人、悔余道人。清代藏書家、詩人、書法家。藏書樓"耕讀山房""天瘦閣""平等閣"等，編有《忠州李氏藏書草目》。

御選唐詩第一卷

五言古

唐太宗皇帝　帝姓李氏諱世民神堯次子初建秦
館慜引内學士番宿更休聽朝之間則與討論典
籍雜以文詠詩筆草隷卓越前古至於天文秀發
沈麗高朗有唐三百年風雅之盛帝實有以啟之焉

帝京篇

秦川雄帝宅　一名樊川魏明帝詩出身秦川爰居伊洛
　　三秦記長安正南秦嶺嶺根水流爲秦川

御選唐詩三十二卷目録三卷補編一卷　　（清）愛新覺羅·玄燁選　　（清）陳廷敬等編注

清康熙五十二年（1713）武英殿刻朱墨套印本

綫裝，四函十六册。版框19.3×12.6cm。無格，半葉七行，行十七字，小字雙行二十至二十四字不等。白口，單黑魚尾，四周雙邊。

是書前有康熙五十二年御製序及職臣表。鈐印"金陵夏氏收藏圖書""北平李氏芙青珍藏書畫之印"。

水經卷一

　　漢桑欽撰

河水一　　後魏酈道元注

崑崙墟在西北

三成爲崑崙丘崑崙說曰崑崙之山三級下曰樊桐

一名板松二曰玄圃一名閬風上曰增城一名天庭

是爲太帝之居廣雅云崑崙墟有三山閬風樊桐在崑崙

閬闔之中山上有層城九重其高幾里嵇康遊仙詩云結友家板

桐但未聞板松

耳疑或字譌

去嵩高五萬里地之中也

禹本紀與此同高誘稱河出崑山伏流地中萬三千

水經注四十卷　　（漢）桑欽撰　　（北魏）酈道元注
清康熙五十三年至五十四年（1714—1715）項絪刻本

　　綫裝，十冊。版框 18×13.7cm。半葉十一行，行二十一字。白口，單黑魚尾，四周單邊。
　　内封鐫"項氏群玉書堂"。目録後有項絪跋，提刻書事。每卷末下鐫"歙縣項絪校刊"。版心下鐫字數。

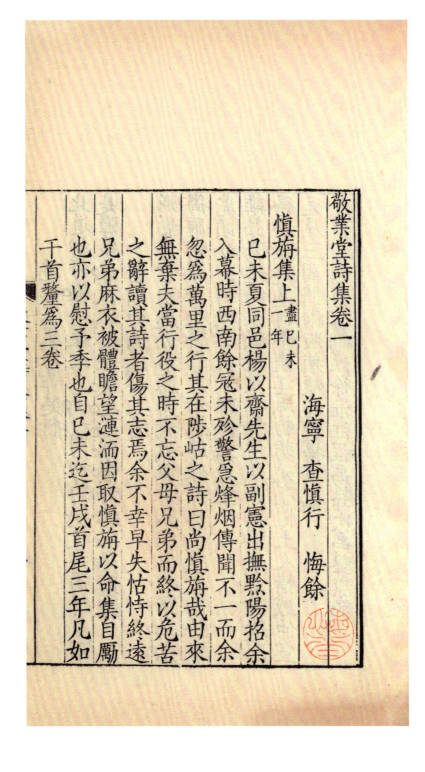

敬業堂詩集五十卷　　（清）查慎行撰

清康熙五十七年（1718）刻雍正元年（1723）補刻本

　　綫裝，十册。版框 17.6×13cm。半葉十一行，行二十一字。白口，單黑魚尾，左右雙邊。

　　《詩集》紀年止於康熙戊戌（1718）。版印清晰，應爲初印本。末兩卷《餘波詞》卷端題名"敬業堂集"，詞前有雍正元年查慎行識語，提補刻《餘波詞》事。有朱墨筆圈點，墨筆眉批。鈐印有"曾在張甄山處""悔堂""塔射園主人"等。

敬業堂集卷四十九

海寧查　慎行　悔餘

餘波詞上

余少不喜填詞丁巳秋朱竹垞表兄寄示江湖載
酒集偶效矉焉巳而偕從兄韜荒楚遊舟中多暇
徧閱唐宋諸家集始知詞出於詩要歸於雅遂稍
稍究心自巳未迄癸亥五年中得長短句凡百四
十餘闋甲子夏攜至京師就正於竹垞留案頭許
加評定旋失原藁巳四十年矣襄刻拙集時頗以
爲闕事雍正癸卯正月忽從沈子房仲楚望椒園
兄弟獲此抄本故物復歸殊出望外昔人有悲隆

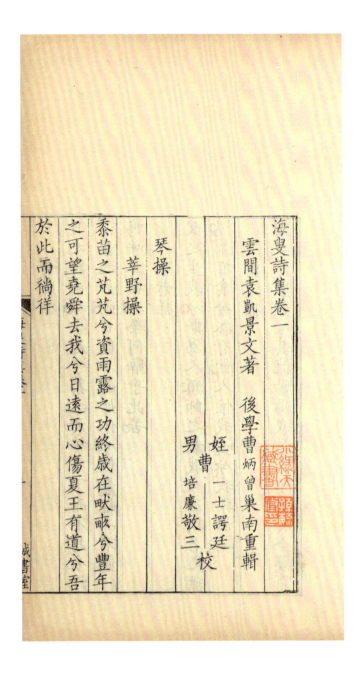

海叟詩集四卷集外詩一卷附錄一卷　（明）袁凱撰

清康熙六十一年（1722）曹炳曾城書室刻本

　　綫裝，二冊。版框 16.5×12.8cm。半葉九行，行十九字。白口，單黑魚尾，左右雙邊。

　　前有曹炳曾康熙六十一年小引，明正德元年（1506）李夢陽序，陸深跋，何景明序，明嘉靖四十三年（1564）董宜陽跋，明隆慶四年（1570）何玄之跋，明萬曆十七年王俞跋，林有麟序，萬曆十三年（1585）鄭懷魁序，萬曆三十七年張所望序，萬曆三十八年張所敬書後。版心下鐫"城書室"。

　　書中有王鳴盛批點，卷一末有乾隆四十五年（1780）王鳴盛朱筆跋語。另有孫毓修批校。王鳴盛（1722—1798），清史學家、經學家、考據學家，字鳳喈，一字禮堂，別字西莊，晚號西江。孫毓修（1871—1922），字星如，一字恂如，號留庵，自署小綠天主人，江蘇無錫人，清末目録學家、藏書家、圖書館學家，曾在商務印書館涵芬樓從事善本古籍的搜集和鑒定工作。鈐印有"小綠天藏書""孫毓修印""王鳴盛印""西莊居士"。

海叟詩集卷二

雲間袁凱景文著

後學曹炳曾巢南重輯

男　曹培廉敬三校

姪　曹傑士電發

五言古詩

○新治圃成

隙壤所自治覊制[一作去籠]荊拳無棼穢雜況此清

泉涌灌滋竟朝夕勾萌各森聳青蒲巳彌澤黃瓜

方臥龍春菁向堪把[一作抱]秋藜日應重自余通宦籍

千古平淡遠追貌
著下提幸柳書具
梅鶴宜乎殊保

海叟詩集卷一　人欲趨彼調而未能如此古

巖遠者尤在古書者風一體觀海叟于

此體何如平易練淡朴茂簡老如此之

甚不難而自見之後而猶有傳者何起當學世

久不為此體而猶有之故當主之

源是緒餘論策後之芳腸肥腦滿

者何由減以快中趣味　庚子七月

病中不能讀盡因書氏于此盛記

本事詩卷一

前集

楓江漁父 徐釚 編輯

同學諸 子同考

楊維楨 會稽人
廉夫鐵崖

七修類藁曰廉夫母夢金鉤入懷而生別號鐵崖道人晚年避亂松江之卿
湖謝伯理家富四妾名草枝柳枝桃枝杏花皆善音樂每乘畫舫恣意所之
故楊眘菴寄鐵崖詩有長笛參差吹海鳳小謫楊柳舞天魔臨川再大年題
楊廉夫集云文章五色鳳之雛酒借詩豪膽氣粗白髮草玄揚子宅紅妝檀
板謝家湖金鉤遠夢天星墜笛聲寒海月孤知爾有靈應不死滄桑更變
問麻姑吳寬題楊鐵崖墓誌云泰定年間名進士會稽山下老鐵君金
我醉紅裙風流盡付吳松水還繞劉伶四尺墳皆道其實也

城西美人歌

丙戌花朝後一日與客游長城之靈山宴於

本事詩十二卷　（清）徐釚撰

清康熙刻雍正後印本

綫裝，十冊。版框18.1×13.4cm。半葉十一行，行二十一字。白口，單黑魚尾，左右雙邊。

存卷一至十一。是書內封鐫"新城王阮亭先生論定／徐虹亭太史編輯／本事詩／鼉尾山房藏板"。前有尤侗序，徐釚序，阮亭先生手劄。徐釚（1636—1708），清代文學家、藏書家，字電發，號虹亭，別號菊莊、鞠莊、拙存、楓江漁父，江蘇吳江松陵鎮人。是書一至六卷爲前集，七至十二卷爲后集，第七卷卷端下有"孫大椿重校"。各卷目録有"漁洋山人王士禛論定"，"禛"字挖除避諱。有修補版。

陳檢討集卷一

宜興　陳維崧　其年譔

皖江　程師恭、叔才註

賦

璿璣玉衡賦　并序

皇上御曆之十有八年閏澤覃敷湛恩汪濊〔相如傳昆蟲／凱澤註史記〕作凱澤與愷過〔長卿難／蜀父老文湛恩汪濊〕剛柔克協配兩大之無私謂〔詩／記孔子夏〕日天無私覆健順攸宜卜萬年之有祜〔詩／瑤樞夜朗榮光〕地無私載

上燭夫紫微〔步天歌北極五星在紫微宮中其第五星為天樞第七星為搖光一作瑤光淮南子紫微宮者太乙之居也〔張衡靈憲紫微垣一十五星在北斗之北一日大帝〕天樞又北斗七星延紫微垣外其第一星為

陳檢討集二十卷　　（清）陳維崧撰　　（清）程師恭注

清康熙有美堂刻本

　　綫裝，六册。版框 19.4×14.2cm。半葉十行，行二十二字，小字双行同。黑口，単黑魚尾，左右雙邊。

　　是書封面鐫"懷寧程叔才撰／陳檢討四六／有美堂梓"。前有康熙三十二年（1693）張英序，康熙三十三年吳苑序。有朱、墨筆圈點。鈐印"由氏涵翠樓藏書"，有"收購由氏涵翠樓藏書"朱記。

22502

讀書堂杜工部文集註解卷之一

潯陽張　溍上若評註

男　榕端樸園校訂

　　橋恆子久

柳璟子守

天狗賦　并序○原註年譜云按至崇天寶六載詔天

下有一藝者赴京公應詔退下畱京師是年

十月上幸華清宮公因至獸坊作天狗賦又按長安

東驪山有溫泉水浴可愈疾初泰始皇砌石起室漢

武帝又加修飾唐貞觀間建湯泉宮咸亨間改溫泉

宮天寶六載改華清宮又築羅城置百司及十宅每

歲十月上

巡幸焉

天寶中上冬幸華清宮甫因至獸坊怪天狗院列在諸獸

讀書堂杜工部詩集注解二十卷文集注解二卷編年詩史譜目一卷　　（唐）杜甫撰　（清）張溍評注

清康熙讀書堂刻本

綫裝，十二册。版框 18.2×13.8cm。半葉九行，行二十二字。黑口，單黑魚尾，左右雙邊。

是書前有閻若璩序，康熙三十七年（1698）

宋犖序，《杜詩注解》卷末附康熙三十六年張榕端識語。版心下鎸“讀書堂”。

古文淵鑒六十四卷 （清）愛新覺羅·玄燁選 （清）徐乾學等編注

清康熙內府刻五色套印本

　　綫裝，四十册。版框 18.5×14cm。無格，半葉九行，行二十字。黑口，雙黑魚尾，四周單邊。

　　是書前有康熙二十四年（1685）御製序。正文、雙行小注用墨色，圈點用朱色，眉批用朱、黄、綠、藍四色。鈐印有"體元主人""稽古右文之章"。

【右半葉】

眉批（朱筆）：
謂自心與行事罪過處當力鋤治漸絕便善道日增長後世反不施之於人宣惟不能去惡又助惡夫

臣卽學曰陳侯昧于親仁善隣之義昒謂長惡自及也左氏辭義嚴正垂戒切矣

鄭莊公人人之國而不利其土地雖幾休於齊魯猶幾能以私自克者君

正文：

許君子曰善不可失惡不可長其陳桓公之謂乎長惡不悛從自及也雖欲救之其將能乎商書曰惡之易也如火之燎于原不可鄉邇其猶可撲滅之務去草焉芟夷蘊崇之絕其本根勿使能殖則善者信矣〇

鄭伯命大夫百里居許〔隱公十一年〕

夏公會鄭伯于郲謀伐許也

將伐許五月甲辰授兵於大宮

【左半葉】

眉批：
書曰鄭伯克段于鄢姦人倫之至萬世之訓也以武姜之偏溺訛段之貪愚莊公初無友愛之誠心遂不明於予奪之大義養成弟惡而後以兵取之其失德多矣

東萊呂祖謙曰左氏序鄭莊公之事極有筆力其怨端之所以

正文：

鄭莊公叔段本末〔隱公元年〕

初鄭武公娶于申曰武姜

生莊公及共叔段

莊公寤生驚姜氏故名曰寤生遂惡之愛共叔段欲立之亟請於武公公弗許及莊公即位為之請制公曰制巖邑也虢叔死焉他邑唯命請京使居之謂之京城大叔祭仲曰都城過百雉國之害也

（小字注文）鄭姬姓周宣王封其母弟友於鄭是為武公……段出奔共故曰共叔……史記云莊公已生故驚姜而惡……墮地開目……號叔東虢君也特制嚴險之邑故号曰嚴邑……京鄭邑也……祭仲鄭大夫方丈曰堵三堵曰雉一雉之牆長三丈高一丈候伯之城方五里徑三百雉也

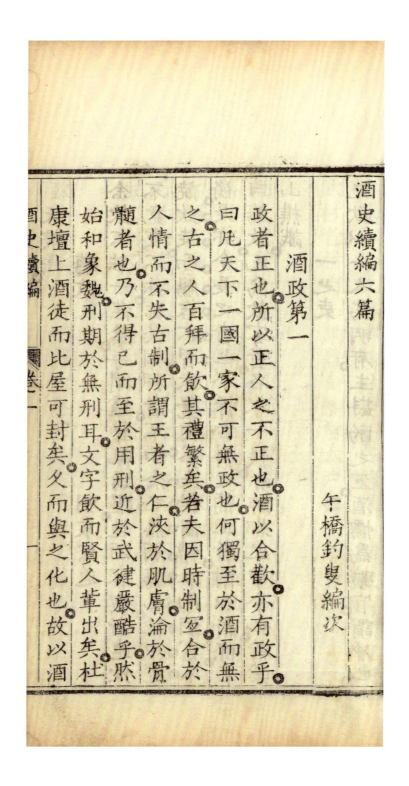

酒史續編六卷 （清）午橋釣叟編

清康熙刻本

　　綫裝，二冊。版框 19.3×13.8cm。半葉十行，行二十一字。白口，單黑魚尾，四周雙邊。

　　前有康熙乙卯（1675）午橋釣叟自序，正文諱“玄”不諱“弘”，當爲康熙年間刻本。與館藏《酒史》合裝一夾板。《酒史》序下有墨筆題“庚寅夏洱源馬子華購自北京”，《續編》二冊首葉皆題“洱源馬子華”。有墨筆圈點。

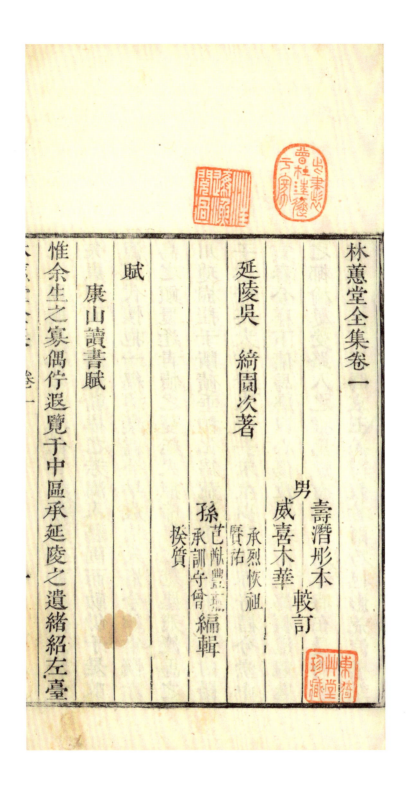

林蕙堂全集二十六卷 （清）吳綺撰
清康熙刻本

六眼綫裝，六冊。版框 17.3×13.9cm。半葉九行，行二十一字。白口，左右雙邊。

存卷一至十五。諱"玄"字。鈐印有"此書曾在汪遁于家""汪遁漁閱過""東漪草堂珍藏"。

汪穎，字鈍予，一字遁漁，歙縣人，清初詩人，著有《東漪草堂詩曆》。《中國古籍善本書目》錄此書有康熙三十九年（1700）刻本。

南唐書卷第一

宋 陸 游 務觀

烈祖本紀第一

烈祖光文肅武孝高皇帝名昇字正倫小字彭奴

徐州人姓李氏唐憲宗第八子建王恪之玄孫恪

生超早卒超生志仕爲徐州判司卒官因家焉志

生榮榮性謹厚喜從浮屠遊多晦跡精舍時號李

道者帝以光啟四年十二月二日生于彭城六歲

而孤遇亂伯父球攜帝及母劉氏避地淮泗至濠

州乾寧二年淮南節度使楊行密見而奇之養以

南唐書十八卷音釋一卷　（宋）陸游撰　（元）戚光音釋
清康熙雍正間蔣國祥刻本

綫裝，六冊。版框 17.9×13cm。半葉十行，行十九字，黑口，雙黑魚尾，四周單邊。

前有蔣國祥撰《合刻南唐書序》，原爲陸游撰《南唐書》、馬令撰《南唐書》合刻本。館藏僅存陸游撰一種。正文諱"玄"不諱"弘"，爲康、雍年間刻本。鈐印有"龍山慤廬藏書之章"。

佩文齋詠物詩選

天類

天類		
佩文齋詠物詩選		
天類		
四言古		
八伯歌		古逸詩
明明上天爛然星陳日月光華宏予一人		
釋天地圖贊		晉郭璞
祭地肆瘞郊天致禮氣升太乙精淪九淵至敬不文明		
德惟虔		
天贊		宋何承天
軒轅改物以經天人容成造曆大撓創辰龍集有次星		
紀乃分		

佩文齋詠物詩選四百八十六卷　（清）汪霦等輯

清康熙内府刻本

　　綫裝，四十八册。版框 16.5×11.6cm。半葉十一行，行二十一字。白口，雙黑魚尾，左右雙邊。

　　前有康熙四十五年（1706）御製序，康熙四十六年高輿進呈表，職臣表。函套墨筆題簽"琴書足樂館藏書"。鈐印有"享壽家藏書畫印"。

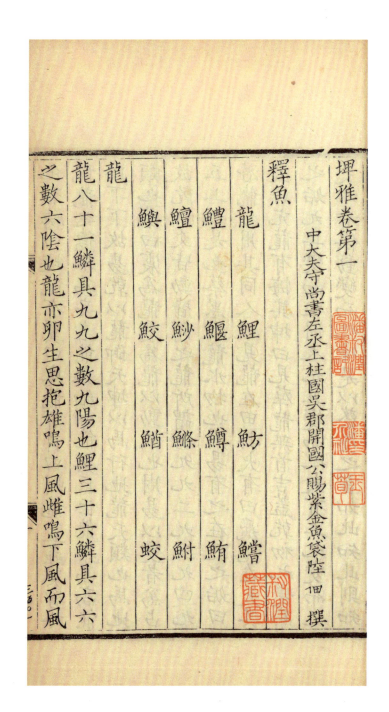

埤雅二十卷 （宋）陸佃撰

清康熙刻本

綫裝，四冊。版框 18.6×13.6cm。半葉十行，行二十一字。白口，雙黑魚尾，四周雙邊。

前有明初張存撰《重刊埤雅序》。卷末下鎸"後學顧棫校本"。顧棫，清康熙間人。是書諱"玄"，不諱"弘"。版心下鎸字數。鈐印有"淑潤藏書""玉筍""潘介祉印""潘叔潤圖書記""古吳潘念慈收藏印記""古吳潘介祉叔潤氏收藏印記"。潘介祉（1840—1891），原名潘念慈，字玉筍，號叔潤，江蘇吳縣人，清末藏書名家。其家族爲藏書世家，曾祖父潘奕雋，父潘希甫，有"三松堂"藏書，其中黃丕烈校跋達百種。潘介祉繼承父輩遺書，有"桐西書屋""淵古樓"等藏書樓，多存善本。後裔潘祖蔭、潘承弼均爲藏書名家。

全唐詩

太宗皇帝

帝姓李氏諱世民神堯次子聰明英武貞觀之治庶幾

成康功德兼隆由漢以來未之有也而銳情經術初建

秦邸即開文學館召名儒十八人爲學士既即位殿左

置弘文館悉引内學士番宿更休聽朝之間則與討論

典籍雜以文詠或日昃夜艾未嘗少怠詩筆草隸卓越

前古至於天文秀發沈麗高朗有唐三百年風雅之盛

帝實有以啓之焉在位二十四年謚曰文集四十卷館

閣書目詩一卷六十九首今編詩一卷

帝京篇十首并序

太宗皇帝

全唐詩九百卷　　（清）彭定求等編

清康熙刻本

綫裝，十二函一百二十册。版框
16.4×11.7cm。半葉十一行，行二十一字，小字
雙行三十二字。白口，雙黑魚尾，左右雙邊。

是書前有康熙四十六年（1707）御製序，凡例，
進書表。鈐印有"賜福堂主人珍藏經籍碑帖書畫
記"。

西堂雜組一集卷一

賦十首

鴈聲賦

吳下尤

成謨

金風萋草玉露瀼瀼荻花瑟瑟葭草蒼蒼蛩咽咽分入
暗壁燕勞勞兮別空梁松陰陰兮喉孤鶴柳依依兮叫
寒螿于是紫塞啓朱鳥翔背金微泫瀟湘鳳凰臺上苺
苦綠鸚鵡洲中菰米黃碧鶒關下寒朝雨鳥鵲橋邊帶
暮籟一行兩行兮落蘆花干楚澤一聲兩聲兮冷楓葉
予吳江雜海鷗分棲沙渚隨野鴉分掠斜陽啼血兮舞

西堂全集五十五卷 （清）尤侗撰

附湘中草六卷 （清）湯傳楹撰

清康熙刻本

　　綫裝，二十冊。版框17.5×13.6cm。半葉十行，行二十一字。下細黑口，或單黑魚尾，或無魚尾，四周單邊。

　　題名據內封，後附總目。卷前附《弘覺國師語錄一則》。《西堂全集》有《西堂雜組》一集八卷、《雜組》二集八卷、《雜組》三集八卷、《剩藁》二卷、《秋夢錄》一卷、《小草》一卷、《論語詩》一卷、《右北平集》一卷、《看雲草堂集》八卷、《述祖詩》一卷、《于京集》五卷、《哀絃集》一卷、《擬明史樂府》一卷、《外國竹枝詞》一卷、《百末詞》六卷、《性理吟前後》二卷等共十六種。每種書前有自序，紀年最遲至康熙甲子（1684）。是集陸續刻成，版式不一，《擬明史樂府》《外國竹枝詞》一冊上下分欄，眉欄鐫評。所附《湘中草》版心上下細黑口，無魚尾，卷末有康熙壬子（1672）、乙丑（1685）尤侗跋，提刻《湘中草》書事。鈐印有"巫書"。

擬明史樂府 一百首

長洲尤一侗譔　　　男珍注

不家巷

彭義門云
開門堂堂

朱家巷聖人生皇覺寺王者興仙授藥白光橫神示箓

遂起兵呼聖駕羣兒迎遇顛者告太平打一桶做一桶

朱臺絲衣來入夢三十五魚卜年中皇陵碑言何痛當

峙墓田裂一縫異日朝陽鳴雙鳳

太祖先世句容朱家巷人陳太后夢一黃冠授九藥
吞之及誕白氣貫室異香滿室出家皇覺寺兵亂衆
散帝祝伽藍簽避難守舊皆不從即卜倡義笈卓然
立計遂決西至汝潁夜陷麻湖遇羣兒呼迎歪駕呪
之不見周顛兒上輙日告大平又日你打破一桶再
做一桶帝嘗夢西北有朱臺羣羽士以五采絲衣衣

御定歷代題畫詩類卷第一

翰林院編修臣陳邦彥奉

旨校刊

天文類

觀慶雲圖

唐李行敏

縑素傳休祉丹青狀慶雲非煙凝漠漠似蓋乍紛紛尚駐從

龍意全舒捧日文光因五色起影向九霄分裂素觀嘉瑞披

圖賀聖君寧同窺汗漫方此觀氛氲

觀慶雲圖

唐柳宗元

設色初成象卿雲示國都九天開祕祉百辟贊嘉謨抱日依

龍袞非煙近御爐高標連汗漫向望接虛無刻素縈光發舒

御定歷代題畫詩類一百二十卷　　（清）陳邦彥輯

清康熙內府刻本

縑裝，四函二十四冊。版框 18.5×12.7cm。半葉十一行，行二十三字。黑口，單黑魚尾，左右雙邊。

是書前有康熙四十六年（1707）御製序，凡例。鈐印有"安城任亮儕氏藏書"。

元詩選三集首一卷　（清）顧嗣立輯

清康熙秀野草堂刻本

綫裝，四函三十册。版框18.8×15cm。半葉十三行，行二十三字，小字雙行三十六字。白口，雙黑魚尾，左右雙邊。

內封鐫"長洲顧俠君選／元百家詩集／秀野草堂藏版"，有"別裁偽體親風雅""進呈御覽"朱記，有"遼陽劉氏／懷園藏書"簽條。版心下鐫"秀野草堂"。前有康熙三十二年（1693）宋犖序，康熙三十三年顧嗣立凡例。全書分為一、二、三集，每集下按照十二甲子排列，每集前有康熙五十九年（1720）顧嗣立序。

讀杜心解卷一

卷一之一　五古

望嶽　遊龍門奉先寺　贈李白

歷下亭　同李太守登歷下古城員外新亭　陪李北海宴

莫左丞丈二十二韻　前出塞九首　同諸公登慈

恩寺塔　送高三十五書記十五韻　漢陂西南臺

九日寄岑參　苦雨奉寄隴西公兼呈王徵士

示從孫濟　夜聽許十一誦詩愛而有作　戲簡

鄭廣文兼呈蘇司業　後出塞五

夏日李公見訪

道　峯同郭給事湯東靈湫作　自京赴奉先

讀杜心解六卷首二卷　（唐）杜甫撰　（清）浦起龍注

清雍正二年（1724）刻本

綫裝，八冊。版框 19.2×13.6cm。半葉十行，行二十二字，小字雙行三十一字。白口，單黑魚尾，左右雙邊。

是書內封鐫"錫山浦起龍是正／讀杜心解／少陵全書／靜寄東軒藏板"。版心下鐫"寧我齋"。卷首有雍正二年浦起龍寧我齋的發凡，有新舊唐書杜甫本傳，元稹所撰墓志銘。鈐印有"徐怡德印""怡德""慧如""調像山房"等。

欽定詩經傳說彙纂卷第一

國風一

瑾曰集傳於國風之下係以一者以國風居四詩之首也下文周南一之一者。周南又居國風中十五國之首也。

孔氏穎達曰詩國風是大師所題也。○劉氏

集傳 國者諸侯所封之域而風者民俗歌謠之詩也。謂之風者以其被上之化以有言而其言又足以感人如物因風之動以有聲而其聲又足以動物也。是以諸侯采之以貢於天子天子受之而列於樂官於以考其俗尚之美惡而知其政治之得失焉。男女相

朱子曰。

欽定詩經傳說彙纂二十一卷首二卷　（清）王鴻緒等撰

清雍正五年（1727）內府刻本

　　綫裝，六函二十四册。版框 22.5×16.2cm。無格，半葉八行，行二十二字。白口，單黑魚尾，四周雙邊。

是書前有雍正五年（1727）御製序，職臣表。有修補抄配。

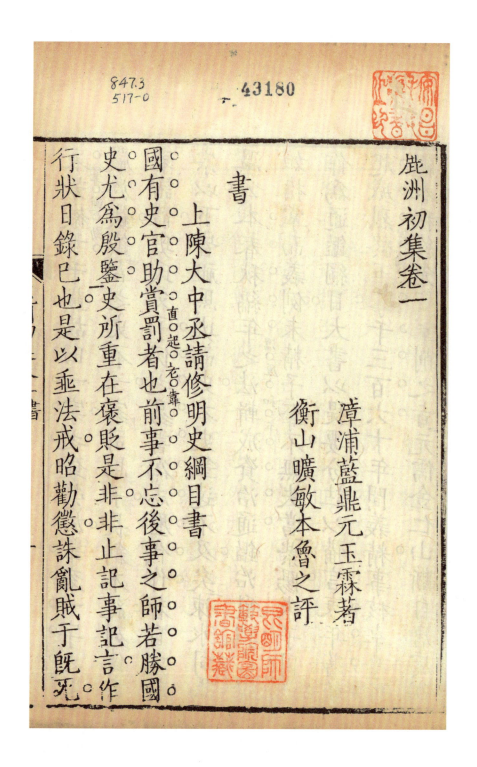

鹿洲初集二十卷　（清）藍鼎元撰　（清）曠敏本評

清雍正十年（1732）刻本

　　綫裝，二函十二册。版框 18×14cm。無格，半葉九行，行二十字。白口，單黑魚尾，左右雙邊。

　　有雍正十年（1732）曠敏本序後再題。版心下書口鐫刻工姓名。卷前有藍雲錦撰《行述》一卷。鈐印有"安昌毛氏藏書之印"。

西漢文約選

過秦論上

賈　誼

秦孝公據殽函之固擁雍州之地君臣固守而窺
周室有席卷天下包舉宇內囊括四海之意并吞
八荒之心當是時商君佐之內立法度務耕織修
守戰之備外連衡而鬥諸侯於是秦人拱手而取
西河之外孝公既沒惠王武王蒙故業因遺冊南
兼漢中西舉巴蜀東割膏腴之地收要害之郡諸
侯恐懼會盟而謀弱秦不愛珍器重寶肥美之地

古文約選不分卷　（清）允禮選　（清）方苞訂

清雍正十一年（1733）果親王府刻本

　　綫裝，九冊。版框 21.2×14.1cm。無格，半葉九行，行十九字。白口，單黑魚尾，四周雙邊。

　　是書不分卷，題名據凡例。存《西漢文約選》《東漢文約選》《後漢文約選》《韓退之文約選》《柳子厚文約選》《蘇明允文約選》《蘇子瞻文約選》《蘇子由文約選》《曾子固文約選》《王介甫文約選》，缺《歐陽永叔文約選》。前有雍正十一年允禮序，言刻書事。卷端鎸"果親王府選刻"。鈐印有"慰慈""竺誠州收藏金石書畫印"，有墨筆題記"歲在光緒丁酉慰慈重裝"。

硃批范峙繹奏摺

雍正四年六月二十四日署理江南江西總督印

務總兵官臣范峙繹謹

奏爲恭謝

天恩事伏念臣庸愚下質恭膺

寵命署任封疆臣自入境抵任以來悉心體察竊念兩

江地方廣遠兵民繁庶其間財賦攸關政令所繫

以及海隅之巡防山陬之保障分任專司其責綦

重必在得人務求實政臣謹將總督衙門遠近歷

凡此皆不待言者

天下事未有難於此者

奉

硃批諭旨

范峙繹

硃批諭旨不分卷　（清）愛新覺羅·胤禛批　（清）鄂爾泰、張廷玉等編

清乾隆三年（1738）內府刻朱墨套印本

綫裝，一百十二冊。版框 20.4×14.6cm。無格，半葉十行，行二十一字。白口，單黑魚尾，四周雙邊。

題名據版心。前有雍正御筆上諭。末有乾隆三年乾隆御筆後序。版心下鐫奏臣姓名。是書爲內府精刻，行格疏朗，版印清晰，應爲初印。

唐陸宣公集卷第一

金壇王汝驤
太倉張泰基　同校

制誥　赦宥　上

奉天改元大赦制　平朱泚後改建中　五年為興元元年

門下、致理興化必在推誠忘己濟人不吝改過朕嗣
守丕構君臨萬方失守宗祧越在草莽不念率德誠
莫追於既往永言思咎期有復於將來明徵厥初以
示天下惟我烈祖邁德庇人致俗化於和平拯生靈
於塗炭重熙積慶垂二百年伊爾卿尹庶官洎億兆

陸宣公集　卷一

唐陸宣公集二十二卷　（唐）陸贄撰
清乾隆五年（1740）懷德堂刻本

　　綫裝，八冊。版框 18.3×13.8cm。半葉十行，行二十字。白口，單黑魚尾，四周單邊。
　　內封鐫"乾隆五年春刊／陸宣公集／雲林懷德堂梓行"，有"江南省狀元境內懷德堂周氏書林發兌"朱印。前有朱印雍正御製序，又有雍正元年（1723）年羹堯序，是書係據雍正元年年羹堯刻本翻刻。書後有"收購由氏涵翠樓藏書"朱印。有墨筆圈點。

前編云史記載采薇之歌詞怨而氣弱絕與孔孟所

金氏前編註武成云先王后稷也商有天下尊契爲

玄王周有天下尊稷爲先王

宣三年石癸曰吾聞姬姞耦其子孫必蕃姑吉人也

后稷之元妃也註姞姓之女爲后稷妃周是以興故曰吉人

禮記疏鄭康成作詩譜云元子伯禽封魯次子君陳

世守采地

七日出孔庭纂要

十月庚子日先聖生十月庚子即今之八月二十

周靈王二十一年庚戌即魯襄公二十二年是年冬

潛邱劄記卷一

潛邱劄記六卷　　（清）閻若璩撰

附左汾近稿一卷　　（清）閻詠撰

清乾隆十年（1745）閻氏眷西堂刻本

　　綫裝，一函六册。版框 19×15cm。半葉十一行，行二十字。白口，單黑魚尾，左右雙邊。

　　自序後有乾隆九年閻若璩孫閻學林按語，提開雕刻書事。有乾隆十年王允謙序。版心下書口鐫"眷西堂"。卷四分上下。卷六題"吳門後學許廷鑅直夫選"。鈐印有"鮑氏立經堂藏書印"。

左汾近彙

詩話一條

太原閻　詠復申遺彙
岑川程　　釜慶州校梓

詩家典故有用得致確者如岑參逸李太保兼御

史太夫云上公周太保副相漢司空按漢百官公

卿表御史大夫秦官掌副丞相故曰副相成帝曾

更名大司空哀帝末亦爲大司空蓋漢司空即御

史大夫也至宋之問晦日幸昆明池云鎬飲周文

樂汾歌漢武才出文對武何等工然毛詩魚藻刺

幽王也王在在鎬豈樂飲酒乃古之武王事於文

無涉王維欲笑周文歌燕鎬還輕漢武樂横汾此

左汾近彙

一

卷西堂

宋詩紀事卷一

太祖皇帝

錢唐　厲鶚　緝
祁門　馬曰琯　同緝

帝諱匡引姓趙氏涿郡人仕周爲殿前都點檢

校太尉恭帝七年禪位於帝建元建隆乾德開寶

在位十七年謚曰英武聖文神德皇帝廟號太祖

葬永昌陵大中祥符元年加上尊謚曰啟運立極

英武睿文神德聖功至明大孝皇帝

詠初日

太陽初出光赫赫千山萬山如火發一輪頂刻上天衢逐

宋詩紀事一百卷　（清）厲鶚輯

清乾隆十一年（1746）刻本

　　綫裝，三十二冊。版框 19.2×14.3cm。半葉十一行，行二十二字，小字雙行三十二字。細黑口，單黑魚尾，左右雙邊。

　　前有乾隆十一年厲鶚序。內封有"黃氏琴趣軒藏板""進呈御覽采入四庫全書"朱記。末卷尾鐫"武林田氏翠含開雕"。

春秋大事表五十卷春秋輿圖一卷附錄一卷　（清）顧棟高撰

清乾隆十四年（1749）萬卷樓刻本

　　綫裝，三函二十三冊。版框 21.3×15cm。半葉十一行，行二十五字，小字雙行字數不等。白口，四周單邊。

　　《春秋大事表》題名據版心，缺目錄卷，無封面、無序跋。《春秋輿圖》一冊，有内封鎸“乾隆十四年新鎸／錫山顧復初著／春秋輿圖／萬卷樓藏板”。版心下書口鎸“萬卷樓”。卷末有牌記鎸“吳門王堂九成氏書／錫山何允安子厚氏鎸”。有朱筆圈點。鈐印有“國立西南聯合大學圖書館藏”。

春秋輿圖

錫山　顧棟高復初　著

金匱　華湛半江　定

古稱左圖右史惟春秋列國尤不可不圖亦惟春秋列國尤難圖
以其強兼弱削大小無定形不可畫定分封時疆界為某國又犬
牙相錯蓼如亂絲有以今之一縣而四國錯壤者今以
本朝輿圖為準填寫春秋時列國都邑曰河南曰山東曰山西曰
直隸曰陝西曰江南而附四川於湖廣附江西於江南浙江為圖
八又總圖一止列國名河圖二詳未徙時分岐地界淮水及
江漢圖各一麻行軍之往來屯戍之要害使聘之郵遞河道之遷
變開卷而瞭然具見亦讀左之一助云乾隆十年三月五日識
春秋輿圖

高某嬰

太湖備考十六卷首一卷　（清）金友理纂
附湖程紀略一卷　（清）吳曾撰
清乾隆十五年（1750）藝蘭圃刻本

　　綫裝，八册。版框 18.4×13.5cm。半葉十行，行二十一字，小字雙行三十一字。白口，單黑魚尾，左右雙邊。

　　内封鎸"東山金玉相纂述／太湖備考／藝蘭圃藏板"，有"湖山掌故""東山金氏圖書""湖程紀略附後／尋山紀略嗣出"出版朱印。前有乾隆庚午（1750）吳曾序、金友理識。目録末下題"吳門李又韓／子永瑞店鎸"。首卷有圖。版心上鎸字數，下鎸刻工。鈐印有"千枝萬葉樓藏""登青堂建記印"。

東山金玉相纂述

湖程紀畧附後
尋山紀畧嗣出

蠡湖備考

藝蘭圃藏板

歸愚詩抄二十卷矢音集三卷　（清）沈德潛撰

清乾隆十六年（1751）刻本

　　綫裝，三冊。版框 17.4×14cm。半葉十行，行十九字。白口，單黑魚尾，左右雙邊。

　　有乾隆辛未（1751）御製序，乾隆十八年傅王露序。《詩抄》卷末鐫有刻書者湯士超。是書與館藏《沈歸愚詩文全集》教忠堂刻本同版，版印較全集本清晰，刻印較早，《矢音集》僅三卷，全集本增刻爲四卷。有朱筆圈點。

歸愚詩鈔卷一

古樂府

梁父吟　　　　　　長洲沈德潛碻士

曾子耕泰山之下值天大雨雪不得歸思
念其母作梁父吟以見志樂苑載其事亡
其辭擬古辭以補之

力農于野泰山之側雪閑川原欲歸不得一欲歸
不得眷念我母我母念我悵望隴畝誠通境隔中
心何有二祿養由命色養由人豈因賤貧莫侍饔

沈歸愚詩文全集十五種　　（清）沈德潛撰

清乾隆十六年至三十二年（1751—1767）教忠堂刻本

　　綫裝，三十二冊。版框 17.4×14cm。半葉十行，行十九字。白口，單黑魚尾，左右雙邊。

　　題名據内封，鐫有"教忠堂藏板"。前有乾隆辛未（1751）御製序。全集有《詩抄》二十卷，卷末鐫有刻書者湯士超。《矢音集》四卷，有乾隆十八年（1753）傅王露序。《黃山游草》《台山游草》《恭頌南巡詩》《八秩壽詩》《九秩壽詩》各一卷。《說詩晬語》二卷。《詩抄餘集》十卷存九卷，卷十有目無詩，有乾隆三十一年（1766）梁國治序。《文抄》二十卷，有乾隆二十三年（1758）方粲如序，乾隆二十四年顧詒禄序。《文抄餘集》八卷，有乾隆三十二年自序。《詞稿》又題《詩餘》一卷，有乾隆三十二年顧詒禄序。《歸田集》一卷。《浙江通志圖説》一卷。《年譜》一卷，前有乾隆二十九年顧詒禄序，版心下書口鐫"教忠堂"。鈐印有"夔舉鑑藏書籍金石字畫之章""秦相由余之後"，有"由雲龍同志捐獻"朱印。

韓詩外傳十卷　（漢）韓嬰撰

清乾隆十七年（1752）張晉康刻本

　　綫裝，一函四冊。版框 19.2×14.2cm。半葉九行，行十九字。白口，左右雙邊。

　　題名據內封，卷端題名"詩外傳"。前有乾隆十七年錢江倪嘉謙序，提張晉康刻書事，爲張晉康據勝國海虞本校正刊印，海虞本即毛晉汲古閣刻《津逮秘書》本。因據明刻本校印，"玄""弘"皆不諱。內封鈐印"風流儒雅"。

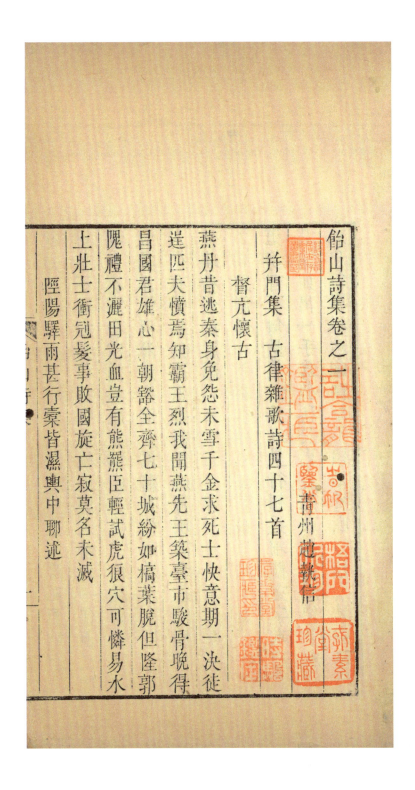

飴山詩集二十卷　（清）趙執信撰

清乾隆十七年（1752）刻本

　　綫裝，四冊。版框 17.5×12.7cm。半葉十行，行二十一字。白口，單黑魚尾，四周單邊。

　　是書雖無牌記、序跋可考刻書年代，但與館藏另一種乾隆十七年刻《飴山詩集》比對，爲同版，故據此斷刻本年代。且是書較另一種印刷更爲清晰，印行更早。鈐印有"詩龕鑑藏""得此書費辛苦""莊兆鈴印""秀水莊氏蘭味軒收藏印""詩龕居士存素堂圖書印""靜盦藏書""存素堂珍藏"。

南嶽志卷之一

前知衡山縣事癸卯科舉人高自位重編

知衡山縣事翰林院庶吉士黃　宮

　儒學教諭癸卯科舉人黃有福　校訂

　　　　　　　峋嶁曠敏本同輯

星次

分星之說幻矣顧質凝于下者象懸于上紀地者

必聚宿以為準衡當翼軫統言楚也衡直軫宿專

言衡也衡嶽古稱壽嶽隸長沙郡軫旁一星曰長

沙星爰王壽命衡之分自以軫為斷秩际土公光

南嶽志八卷　（清）高自位編　（清）曠敏本纂
清乾隆十八年（1753）開雲樓刻本

　　綫裝，六冊。版框 20.5×14.1cm。半葉十行，行二十字。白口，單黑魚尾，四周雙邊。
　　內封鐫有"乾隆癸酉重修／開雲樓藏版"。
　　有乾隆癸酉（1753）曠敏本序。卷一有圖，"祀典"末內容記至乾隆二十七年。

672.14
348

34445

直隸通州志卷二十二

雜志

祥祲　方技　仙釋　軼事

雜志者志之餘也古有外史有外紀有遺事有關編皆
雜志也陶弘景謂一事不知君子引以為恥故凡水旱
草木之機祥暨仙釋方技奇詭不經之事悉兼收而博
採焉所以擴見聞備泰覈云爾志雜紀

［乾隆］直隸通州志二十二卷　（清）王繼祖修　（清）夏之蓉纂

清乾隆二十年（1755）刻本

　　綫裝，十七冊。版框18×14cm。半葉十一行，行二十二字。白口，單黑魚尾，左右雙邊。

　　卷前有乾隆乙亥（1755）王繼祖撰《直隸通州志序》，夏之蓉序。卷一爲輿圖。有朱筆圈點。鈐印有"範成藏書"。

[乾隆] 黃縣志十二卷　　（清）袁中立修　（清）毛贄纂

清乾隆二十一年（1756）刻本

綫裝，四冊。版框 19×14.4cm。半葉九行，行二十一字。白口，單黑魚尾，左右雙邊。

內封鎸“仁和椒園沈先生鑒定／黃縣志／乾隆乙亥年重修／敬慎堂藏板”。有乾隆二十一年

袁中立自序，提與毛贄重修刻書事，云：“舊志創於嘉靖辛丑，一修於崇禎庚辰，再修於康熙癸丑，迄今八十餘年。”卷一有圖。有墨筆眉批。鈐印有“惜陰書屋”“静慎堂邢”。

易傳卷第一

唐　資州　李鼎祚　集解

乾下乾上　乾元亨利貞

蔡說卦乾健也言天之體以健爲用運行不息應化
无窮故聖人則之欲使人法天之用不法天之體故
名乾不名天也○子夏傳曰元始也亨通也利和也
貞正也言乾稟純陽之性故能首出庶物各得元始
開通和諧貞固不失其宜是以君子法乾而行四德
故曰元亨利貞矣

初九潛龍勿用

雅雨堂叢書十三種　　（清）盧見曾輯
清乾隆二十一年（1756）盧氏雅雨堂刻本

　　綫裝，四函二十四册。版框 18.6×14.4cm。半葉十行，行二十一字。白口，單黑魚尾，四周單邊。內封鑴有"乾隆丙子鑴""雅雨堂藏板"等字樣。版心下書口鑴"雅雨堂"。《尚書大傳》末有盧見曾乾隆丁丑（1757）夏跋。《中國叢書綜録》載《雅雨堂藏書》收書十二種附一種，館藏此套缺《大戴禮記》十三卷。鈐印有"會稽七畧劉氏藏書"、滿漢文"藳城縣印"。

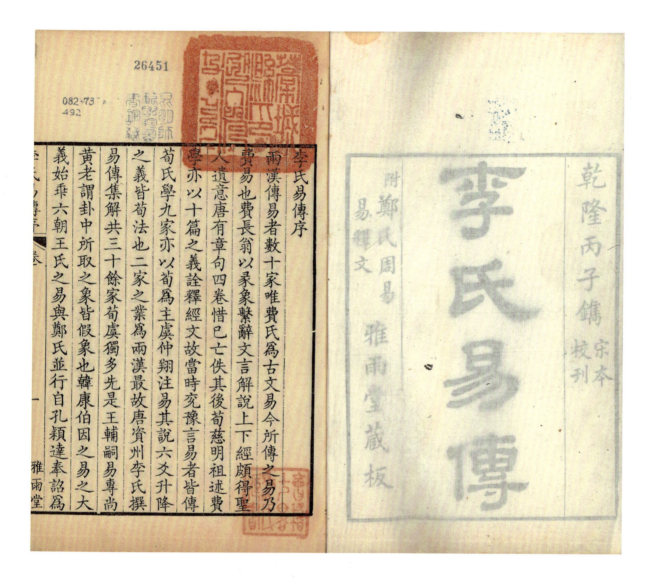

李氏易傳序

兩漢傳易者數十家唯費氏爲古文易今所傳之易乃
費氏也費長翁以彖象繫辭文言解說上下經頗得聖
人遺意唐有章句四卷惜巳亡佚其後荀慈明祖述費
學亦以十篇之義詮釋經文故當時兗豫言易者皆傳
荀氏學九家亦以荀爲主虞仲翔注易其說六爻升降
之義皆荀法也二家之業爲兩漢最故唐資州李氏撰
易傳集解共三十餘家荀虞獨多先是王輔嗣易專尚
黃老謂掛中所取之象皆假象也韓康伯因之易之大
義始乘六朝王氏之易與鄭氏並行自孔穎達奉詔爲

李氏易傳卷 一

雅雨堂

乾隆丙子鐫 宋本
校刊

附鄭氏周易
易釋文

李氏易傳

雅雨堂藏板

本事詩十二卷　（清）徐釚輯

清乾隆二十二年（1757）刻本

　　綫裝，四冊。版框18.6×13.1cm。半葉十一行，行二十一字，小字雙行二十九字。白口，單黑魚尾，左右雙邊。

　　是書前有尤侗序，康熙四十三年（1704）吳中立序，康熙三十九年（1700）阮亭手札，康熙十一年（1672）徐釚略例、徐釚序，末有乾隆二十二年徐大椿識。是書一至六卷爲前集，卷端下有"桐鄉汪肯堂重校刊"，七至十二卷爲後集，卷端下有"孫大椿重校"。

午夢堂集八種　（明）葉紹袁輯　（清）沈德潛鑒定

清乾隆二十三年（1758）刻本

　　綫裝，四冊。版框 20.4×13.5cm。無格，半葉九行，行二十字。白口，無魚尾，四周單邊。
　　是書內封鐫"乾隆戊寅歲重鐫／大宗伯沈歸愚先生鑒定／午夢堂集：鸝吹、香雪吟、伊人思、愁言、鴛鴦夢、返生香、窈聞、窈續／葉衛藏板"。

版心下鐫"午夢堂"。前有乾隆二十一年沈德潛序，乾隆二十三年葉恆椿序，崇禎九年（1636）沈自炳序、葉紹袁序，崇禎十二年曹學佺序，又有沈宜修輯《伊人思》題識，葉紹袁撰《愁言序》，崇禎九年沈君庸撰《鴛鴦夢序》，後有葉紹袁跋語。

李太白文集三十六卷　（唐）李白撰　（清）王琦輯注

清乾隆二十四年（1759）刻本

　　線裝，八册。版框 17.4×13.4cm。半葉十行，行二十字。白口，單黑魚尾，左右雙邊。

　　是書内封鐫"李太白文集輯注 / 聚錦堂藏板"。有乾隆二十四年杭世駿序。

濰縣志卷之一

輿地志

星野

知濰縣蘭谿張耀璧荊巖氏鑒定

星官書之所由求自黃帝迎日推算命鬼臾區占

星氣始周禮保章氏以星土辨九州之地所封封

域皆有分星星土星所主土也唐貞觀中李淳風

撰法象志因漢書十二次度數以唐州縣配而一

行則以為天下山河之象存乎南北兩界其說詳

矣蓋陰陽之精其本在地而上發於天於以察祲

濰縣志　卷之一　　星野　　一

［乾隆］濰縣志六卷首一卷末一卷　　（清）張耀璧修　　（清）王誦芬纂

清乾隆二十五年（1760）刻本

綫裝，六冊。版框 18.5×13.9cm。半葉九行，行二十一字。白口，單黑魚尾，左右雙邊。

卷首為序、凡例、圖、目錄等。有乾隆二十五年知縣張耀璧序，提重修刻書事。卷末為乾隆二十五年王誦芬跋，另一跋缺葉。鈐印有"濰縣之印"。

庚子銷夏記卷一

庚子四月之朔天氣漸炎晨起坐東籬書舍注易
數行閒目少坐令此中湛然無一物再隨意讀陶
韋李杜詩韓歐王曾諸家文及重訂所著夢餘錄
人物志諸書倦則取古柴窰小枕偃卧南窓下自
烹所蓄茗連啜數小盂或入書閣整頓架上書或
坐藤下撫摩雙石或登小臺望郊壇烟樹倘伴少
許後入書舍取法書名畫一二種反復詳玩畫領
其致然後仍置原處閉扉息而坐家居已久人
鮮過者然亦不欲晤人老人畏熱或免蒸灼之苦

庚子銷夏記八卷閒者軒帖考一卷　（清）孫承澤撰

清乾隆二十六年（1761）鮑氏知不足齋刻本

綫裝，二冊。版框 19.1×13.7cm。半葉十行，行二十字。黑口，雙黑對魚尾，左右雙邊。

有乾隆二十六年盧文弨序、周二學序、余集跋、張賓鶴跋，皆言鮑廷博、鄭竺刻書事。目錄後有乾隆乙亥（1755）鮑廷博書。封面墨題"野侯書眉"。是書經民國藏書家蔣汝苹收藏，書中有多處朱、墨筆眉批題識，皆爲蔣氏過錄何焯、吳騫、翁方綱、盧文弨等人眉批識語，可謂朱墨燦然。卷末朱筆題"己未五月二十七日蔣汝苹讀"。鈐印有"吳興蔣氏觀復齋藏書記""蔣汝苹印""印堪""雅初手錄"。蔣汝苹，字雅初，號印龕，蔣汝藻弟，其室名"觀復齋"。

齋藏書家子欣屋固藏兩
見鄜之
乾隆四十四年十二月十二日北
平翁方綱書於小蓬萊閣

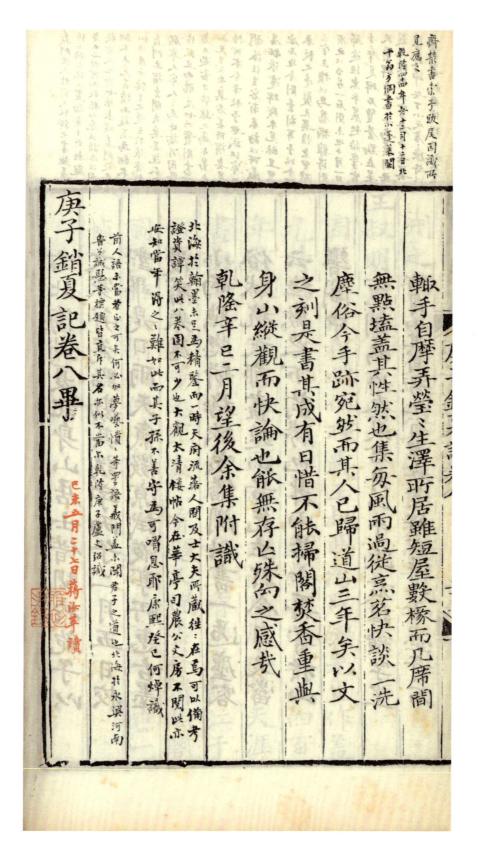

庚子銷夏記卷八畢

軋手自摩弄瑩瑩生澤所居雖短屋數椽而几席間
無點壒蓋其性然也集每風雨過從烹茗談讌一洗
塵俗今手跡宛然而其人已歸道山三年矣以文
之刻是書其成有日惜不能掃閣焚香重與
身山縱觀而快論也悵無存此殊向之感哉
乾隆辛巳二月望後余集附識

北海於翰墨未嘗苟馬精鑒而一時天府流落人間及士大夫所藏往:在焉可以備考
證資譚笑此八卷固不可少也大觀太清樓帖今在華亭司農公文房不閱此亦
安知當年游之、難如此而其子孫不善守焉可唱恩耶康熙發巳何婷識

前人語未嘗苟者必之可矣何必加夢夢憒憒、苓累謗藏門蓋末開君子之道也北海於永堁河南
魯子識懸筆標題皆真斥其名亦例不當示乾隆庚子盧文弨識

己未五月二十七日蔣汝藻讀

四書考異上　總考一

仁和翟灝晴江學

大學原始

孔穎達禮記正義引鄭月錄曰此于別錄屬通論

程子經說曰大學孔氏之遺書

呂大臨禮記解曰禮記所載皆孔子門人所傳授書

朱子文集癸未拱奏劄曰所謂大學之道雖古之大

聖人生而知之未有不學乎此者堯舜相授所謂惟精

惟一允執厥中者此也自是以來累聖相傳以有天下

至于孔子不得其位而筆之于書以示後世之爲天下

國家者其門人弟子又相與傳述而推明之

四書考異　總考一　大學原始　一

四書考異七十二卷　（清）翟灝撰

清乾隆三十四年（1769）無不宜齋刻本

綫裝，一函八冊。版框 17.4×13.5cm。半葉十一行，行二十一字。白口，單黑魚尾，左右雙邊。

前有乾隆三十四年六月三日杭世駿序。全書分爲總考三十六卷、條考三十六卷。內封鎸有"無不宜齋雕本"。每卷末鎸有校字者籍貫、姓名。

翟灝（？—1788），字大川，一字晴江，仁和（今浙江杭州）人，清藏書家、學者，"無不宜齋"爲其室名。性嗜藏書，建書樓三楹，儲書檢校，名"書巢"，藏書家杭世駿稱其書樓"環堵之室，而卷且盈萬"。

曲阜縣志卷之

奎文第二之末

聖祖仁皇帝御製文

幸魯盛典序

朕惟自古帝王聲教翔洽風俗茂美莫不由於崇儒重道典

學右文用能發詩書之潤澤宣道德之閒與推厥淵源皆本

洙泗以故追崇之典歷代相仍或躬詣闕里修謁奠之儀潔

志肅容盡誠備物其閒禮數隨世損益至於希風服教百代

式型異世同揆莫之或二猗歟盛矣朕臨御以來垂三十載

溯危微之統緒念生安之聖哲恒慮凉薄未克祗承用是凤

夜宣心孜孜不倦惟我至聖先師孔子配天地參陰陽模範

奎文

一

［乾隆］曲阜縣志一百卷　（清）潘相纂修

清乾隆三十九年（1774）刻本

一三四

綫裝，二函十二册。版框 19.9×15cm。半葉
十一行，行二十三字。白口，單黑魚尾，左右雙邊。

內封鎸有“乾隆甲午新修／聖化堂藏板”。
前有乾隆三十九年李中簡序、知縣潘相自序。有圖。

飴山文集卷之一

策問　論　書

青州趙執信

策問

甲子山西鄉試策問五道

問帝王之學不事章句在治天下而已從來致治之盛莫如唐虞垂衣無爲而天下化之而一時告戒之詞亦垂爲典謨萬世不易然則治與學殆不可分歟歷觀三代以下致隆之君每之學問或有懋德其有多材藝重儒術者往往不知遠略儒者因謂三代以下道統與治統出於二治與學殆又不可合歟我皇上文德武

飴山文集十二卷附録一卷　（清）趙執信撰
清乾隆三十九年（1774）刻本

　　綫裝，一夾四册。版框 17.7×12.3cm。半葉十行，行二十一字。白口，單黑魚尾，左右雙邊。

　　內封鐫“乾隆甲午秋七月／飴山文集／因園藏板”。全書卷終下鐫“吳門近文齋穆局刻”。據考，因園藏版的趙執信著書，於清乾隆十七年至三十九年間陸續刻成五種，分別爲《詩集》二十卷、《文集》十二卷附録一卷、《禮俗權衡》二卷、《聲調譜》二卷《續譜》一卷、《談龍録》一卷。是書經許修直收藏，夾板墨筆題“趙飴山文集／原版四册／壬戌西溪草堂藏”。鈐印有“西溪草堂”“許卓然”“修直”。許修直（1881—1954），江蘇無錫人，原名卓然，字西溪，晚號百硯室主。

乾隆甲午秋七月

餂山文集

因園藏板

序

少聞山左漁洋先生詩為海內宗獨其鄉趙秋谷先生

為談龍錄以譏之心異其久儷有傳先生詩者風致格

律出自虞山馮氏故疑與漁洋分道揚鑣而未見其文

起元辛丑座主田公先生衡取士也元曾以門下士禮

謁迄今三十年矣元來主灤源講席先生已謝世久從

先生猶子芝圃所得讀先生餂山詩集未幾念以

先生遺文屬訂且索序言元不文何敢以為受而讀之

則幸甚夫子美無文子固無詩蓋兼美之難也然古人

於所不能兼者謝之後人於所不能兼者張之歷下李

水道提綱卷十四

原任禮部侍郎　臣齊召南編録

入江巨川　彭蠡所滙　章水　貢水

潁江

諸水

目洞庭以東庾嶺以北澤藪大者曰彭蠡爲江西全省
十三府一州之總會北入大江其上源曰章貢二水卽
古豫章湖漢也既合後總曰章江。

章貢源出湖南郴州桂陽縣東之孤山　西三度一分。極三

源合而東流爲章水　桂陽縣南境山爲大分水嶺凡西
北二十五度六分。

其南水

皆入廣東。南至番禺入海者也。章水出縣東南山東
北流經苗將司東北。其北源西北自硶石界東南流來

水道提綱

卷十四

西北流入湘江。其南水

東南流來

一入江巨川

水道提綱二十八卷　（清）齊召南編

清乾隆四十一年（1776）傳經書屋刻本

　　六眼綫裝，六册。版框 18.6×13.8cm。半葉
九行，行二十二字。白口，左右雙邊。
　　内封鐫有"傳經書屋藏板"。前有清乾隆

四十一年阮學濬、王杰二序。卷末有乾隆丙申
（1776）戴殿海跋，提刻書事。鈐印有"劍湖周
氏所藏書畫印""太生"。

離騷草木疏卷第一

宋本校雕

通直郎行　國子錄河南吳仁傑撰

蓀荃

荃不察余之中情兮王逸注荃香草以諭君也惡數指
斥尊者人君被服芳香故以香草為諭洪慶善曰荃與
蓀同莊子得魚忘荃崔音孫云香草可以餌魚疏曰蓀
蓀也九歌蓀橈蓀壁皆一作荃蓀不察余之中情蓀何
為兮愁苦數惟蓀之多怒蓀獨宜兮為民正蓀詳聲而
不聞願蓀美之可全皆以諭君也沈存中云香草之類

離騷草木疏卷一

知不足齋叢書

離騷草木疏四卷　　（宋）吳仁傑撰

清乾隆四十五年（1780）鮑氏知不足齋刻本

　　綫裝，一冊。版框 12.6×9.8cm。半葉九行，行二十一字。黑口，無魚尾，左右雙邊。

　　是書版心下鐫"知不足齋叢書"，卷端下鐫"宋本校雕"。末有庆元三年（1197）吳仁傑跋，庆元六年方燦識語。又有"乾隆庚子季秋歙西長塘鮑氏知不足齋校正重雕"單行牌記，乾隆四十五年鮑廷博跋。

李義山詩文集箋注十三卷　　（唐）李商隱撰　　（清）馮浩編訂

清乾隆四十五年（1780）德聚堂刻本

　　綫裝，八册。版框 18.5×14.4cm。半葉十一行，行二十五字，小字雙行三十三字。白口，單黑魚尾，左右雙邊。

　　題名據内封、總目題名。内封鎸"桐鄉馮浩孟亭編訂／李義山詩文全集箋註"。全集分爲《玉谿生詩箋注》三卷首一卷，《詩箋》内封鎸"玉谿生詩詳註／重校本／德聚堂藏版"，前有乾隆二十八年（1763）馮浩序，序末鎸"乾隆四十五年庚子秋日重校付梓不更序"，乾隆乙酉（1765）秋九月錢陳羣序，乾隆丁亥（1767）王鳴盛序。《樊南文集箋注》八卷首一卷，《文箋》内封鎸"樊南文集詳註／重校本／惠聚堂藏版"，前有乾隆三十年（1765）錢維城序。有朱筆圈點、佚名眉批。鈐印有"費源深字潤泉別號磊安""雲間費氏古專研齋藏書""丁卯生"。

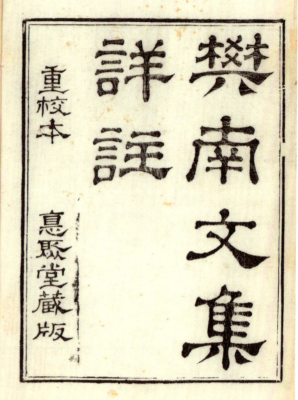

樊南文集詳註

重校本　惠思堂藏版

樊南文集箋註序

余年十八九時好讀李義山集其詩則吳江朱長孺本也其文則
崑山徐藝初本也孟子稱誦詩讀書必知其人論其世義山之為
人史稱其放利偷合詭薄無行朱氏論之詳矣雖背公私黨大顧
為襄譽之過然以背令狐而即濮陽為偷合則彼背公或以
是非者翻得稱志節乎朱氏之言未必非平情之論也且文與行
雖為兩途能文之士未必無遺行而學者表彰前哲嘗其文必先
推其行其有負俗之累耶議當時尤當揣其時局或出於不得已
之情迫於無可奈何之勢而白之於眾惡之中使其行顯而文益
光況義山名不掛朝籍徒以取憎於黨險之令狐綯遂使終身抑
鬱不得志以死此千古才人所為讀九日獻前之句而欷歔泣下

尚書後案卷一

虞夏書

堯典

東吳王鳴盛學

日若稽古帝堯曰放勳〔釋文曰放方往反徐云鄭王如字〕

鄭曰稽同古天也言堯能順天而行之與之同功〔尚書疏○後漢書六十三卷李固傳李賢注○三國魏志四卷高貴鄉公紀〕

馬曰堯順考古道放勳堯名〔釋文○魏志高貴鄉公紀〕

之者帝堯勳功言堯放上世之功化〔傳曰若順稽考也能順考古道而行〕

〔案〕曰鄭以稽爲同者說文卷六下云稽從禾木曲頭止不能上也極于上

而止是上同之意也儒行古人與稽注稽猶合也合亦同也古爲天者逸周

書周祝解云天爲古毛詩商頌元鳥云古帝命武湯箋云古帝天也虞翻述

八卦逸象亦云天爲古是也若爲順者釋言文據論語泰伯篇云唯天爲大

唯堯則之巍巍成功故鄭云順天而行與之同功馬孔非也放勳說見書序

欽明文思安安

尚書後案三十卷後辨一卷　（清）王鳴盛撰

清乾隆四十五年（1780）刻本

　　綫裝，八冊。版框 22.8×16cm。半葉十四行，行三十字，小字雙行四十五字。細黑口，單黑魚尾，四周單邊。

　　內封鎸"乾隆庚子秋鎸／東吳王氏學／尚書後案／尚書後辨附／禮堂藏版"。卷前有王鳴盛自序。

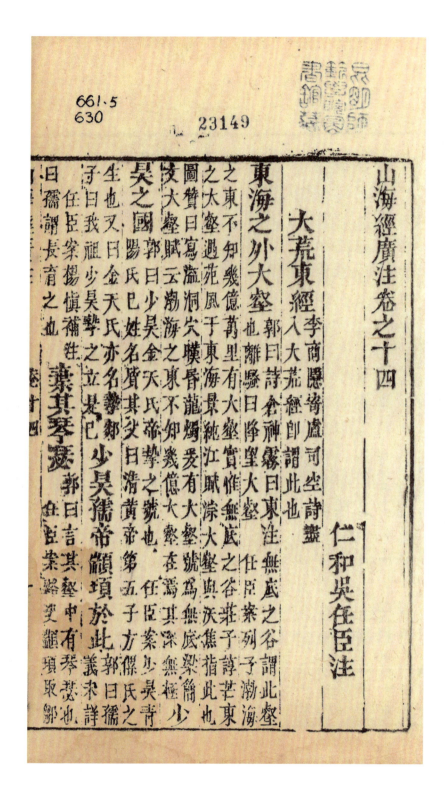

山海經廣注十八卷圖五卷 （清）吳任臣注

清乾隆五十一年（1786）金閶書業堂刻本

　　綫裝，六冊。版框 19.8×13.4cm。半葉九行，行二十二字。白口，左右雙邊。
　　内封鐫“乾隆五十一年夏鐫／仁和吳志伊注

／增補繪像山海經廣註／金閶書業堂藏板”。圖前附《讀山海經語》《山海經雜述》各一卷。

水經注釋卷一

仁和趙一清誠夫錄

河水一

崑崙虛在西北

山三成爲崑崙邱崑崙說曰崑崙之山三級下曰樊桐
一名板松二曰元圃一名閬風上曰層城一名天庭是
謂太帝之居

去嵩高五萬里地之中也

禹本紀與此同高誘稱河出崑山伏流地中萬三千里

禹導而通之出積石山按山海經自崑崙至積石一千

水經注釋四十卷首一卷附錄二卷注箋刊誤十二卷　（北魏）酈道元注　（清）趙一清釋
清乾隆五十一年（1786）趙氏小山堂刻本

　　綫裝，二十册。版框 20×14.7cm。半葉十行，
行二十二字。白口，單黑魚尾，左右雙邊。
　　內封鐫　"小山堂雕"，版心下鐫"東潛趙

氏定本"。有乾隆丙午（1786）畢沅序。鈐印有"孫
毓修印""小綠天藏書""清虛居士"。

離騷

晉陵錢杲之集傳　宋本重雕

帝高陽之苗裔兮朕皇考曰伯庸

攝提貞于孟陬兮惟庚寅吾以降

皇覽揆余于初度兮肇錫余以嘉

（卷端鈐印：雲南師範大學圖書館藏　知不足齋藏書）

離騷集傳一卷　（宋）錢杲之撰

附江淮異人錄一卷　（宋）吳淑撰

清乾隆五十二年（1787）鮑氏知不足齋刻本

　　綫裝，一冊。版框 12.8×9.7cm。半葉九行，行十八字。黑口，無魚尾，左右雙邊。

　　題名據版心。是書版心下鐫"知不足齋叢書"，卷端下鐫"宋本重雕"，末有乾隆五十二年鮑廷博《江淮異人錄》跋。

十七史商榷卷一　　　東吳王鳴盛述

史記一

史記集解分八十卷

漢志史記百三十篇無卷數裴駰集解則分八十卷
見司馬貞史記索隱序隋志始以一篇爲一卷又別
裂裴注八十卷新舊唐志亦然不知何人刻集解亦
以一篇爲一卷疑始于宋人今予所據常熟毛晉刻
正如此裴氏八十卷之舊不可復見不知其分卷若
何

十七史商榷一百卷　　（清）王鳴盛撰

清乾隆五十二年（1787）洞涇草堂刻本

綫裝，二十册。版框 18.3×13.5cm。半葉十行，行二十字。白口，四周雙邊。

內封鎸“乾隆丁未新鎸／東吳王氏述／十七史商榷／洞涇艸堂藏版”。第一册爲十七史商榷目，卷首有王鳴盛自序。

九域志卷第七

承議郎知制誥同脩國史同判太常寺兼禮儀事判祕閣祕書省兼詳定郊

廟奉祀禮文上騎都尉丹陽縣開國子食邑三百戶賜紫金魚袋臣王存等奉

聖旨刪定

成都府路

梓州路

成都府路 乾德三年平兩川併爲西川路開寶六年分

　　　　益州路爲成都府路一縣五十八

　　　　峽路咸平四年分益梓利夔四路嘉祐四年

　　　　江益州路爲成都府路一監

次府成都府蜀郡劍南西川節度度唐成都劍南西川節

　　　　度罷節度端拱元年復爲成都府府劍南西川節

　　　　度降爲益州嘉祐四年復升爲府六年復

次府成都府蜀郡劍南西川節度度唐成都劍南西川節度皇朝太平興國六

治爲劍南西川節度

　　爲成都華陽二縣

［元豐］九域志十卷　　（宋）王存等纂修

清乾隆五十三年（1788）刻本

　　綫裝，五冊。版框 18.6×13.9cm。半葉十一行，行二十一字。白口，單黑魚尾，左右雙邊。
　　目錄後有乾隆四十九年、五十三年馮集梧識語二則，提刻書事。鈐印有“欣菴居士”“書生習氣未能無”。

陔餘叢考卷一

陽湖　趙翼　耘菘

五經正義

五經正義雖署孔穎達名然實非出一手顏師古傳太
宗以經籍去聖人遠文字訛謬令師古於秘書省考定
五經既成太宗又令諸儒詳覈諸儒傳習已久皆非之
師古引晉宋以來古今本援據詳明皆出其意表諸儒
始服是師古於此書功最深孔穎達傳亦云顏達與顏
師古司馬才章王恭王琰等受詔譔五經義訓凡一百
八十卷名曰五經正義太宗命付國子監施行是師古
外又有司馬才章等參訂也未幾馬嘉運駁正其失永

陔餘叢考四十三卷　　（清）趙翼撰

清乾隆五十五年（1790）湛貽堂刻嘉慶間印本

綫裝，八冊。版框18×14cm。半葉十一行，行二十一字，小字雙行三十一字。白口，單黑魚尾，左右雙邊。

内封鎸"乾隆庚戌/陔餘叢考/湛貽堂藏板"。

前有乾隆五十六年吳錫麟序。有乾隆五十五年趙翼小引，提及成書經過及刻書起因。是書始刻於乾隆五十五年，又因卷一"琰"字挖改避諱，"寧"字不諱，故此本爲嘉慶間後印本。

廣雁蕩山志卷一

山總

唐一行畫天下山川爲兩戒以南戒盡於雁蕩可見

稱名已久弟僻處海陬足音不繼宋室南遷貴游漸

盛因相傳爲宋開豈其然乎明季有卧雲者在芙蓉

峰下掘得昭明古碑始知梁時已建塔寺乃沉埋千

有餘年旣惜其久湮旋幸其不終沒雖爲佞佛之報

抑亦妄言者敗露時也雁山顧不靈哉志山總

名山

廣雁蕩山志卷一　山總

廣雁蕩山志二十八卷首一卷末一卷　（清）曾唯纂

清乾隆五十五年（1790）曾氏依綠園刻本

綫裝，一夾八册。版框 13.2×10cm。半葉九行，行二十一字。白口，單黑魚尾，四周雙邊。巾箱本。內封鐫“乾隆庚戌春鐫／諸城竇東皋／大興朱南厓／兩先生鑑定／廣雁蕩山誌／南雁蕩誌嗣出／東嘉依綠園藏板”。卷首爲“雁蕩山真跡”圖。有墨筆圈點。鈐印有“袁志勤印”。

史姓韻編卷一

蕭山汪輝祖煥曾述

【東】

東
郊
史
明史卷一百九十二附張日韜傳目無名正德時應天巡按御

【東方】

東方朔
前漢書卷六十五字曼倩平原厭次人
唐書卷二百附儒學趙冬曦傳目無名不詳所自官校理以上

東方顥
書忤旨左遷高安丞

【東郭】

東郭先生
史記卷一百二十六滑稽傳齊人

史姓韻編六十四卷 （清）汪輝祖輯

清乾隆五十五年（1790）湖南寧遠官舍刻本

　　綫裝，四函二十四冊。版框 19×13.4cm。半葉八行，上下分欄，下欄雙行二十四字。黑口，單黑魚尾，四周單邊。

　　末卷尾鐫有"乾隆五十五年刻於湖南寧遠官舍，二月開雕，八月竣工。男繼培汝滋校字"。《書目答問補正》曾載是書有"家刻本"，或爲此本。鈐印有"李卓然印"。

水經注釋卷一

河水一

仁和趙一清誠夫錄

崑崙虛在西北

三成爲崑崙邱崑崙說曰崑崙之山三級下曰樊桐一

名板松二曰元圃一名閬風上曰層城一名天庭是謂

太帝之居

去嵩高五萬里地之中也

禹本紀與此同高誘稱河出崑山伏流地中萬三千里

禹導而通之出積石山按山海經自崑崙至積石一千

水經注釋　卷一　一　東潛趙氏定本

水經注釋四十卷首一卷附錄二卷注箋刊誤十二卷　（北魏）酈道元注　（清）趙一清釋

清乾隆五十九年（1794）趙氏小山堂刻本

　　綫裝，十六冊。版框 20×14.7cm。半葉十行，行二十二字。白口，單黑魚尾，左右雙邊。
　　內封鐫有"乾隆甲寅年／小山堂雕"，版心下鐫"東潛趙氏定本"。首有乾隆丙午（1786）畢沅序。據乾隆五十一年（1786）小山堂刻本重修，卷一首句有挖改。

太史升庵全集八十一卷目録二卷　（明）楊慎撰

清乾隆六十年（1795）周參元刻本

綫裝，二十二册。版框 20.5×14.2cm。半葉九行，行十九字。白口，單黑魚尾，四周雙邊。

是書内封鐫"乾隆乙卯年重鐫／升菴全集／養拙山房藏板"。前有乾隆六十年周參元重刻序，明陳大科序，升庵先生年譜。每卷題名下有"從子有仁録／維揚陳大科校／新都周參元重刊"。天頭有釋字音義。

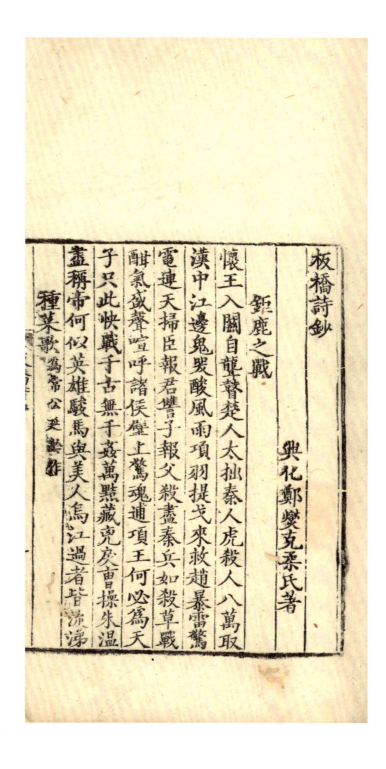

板橋集五種　（清）鄭燮撰

清乾隆刻本

　　綫裝，四册。詩鈔版框 15.7×12.7cm，半葉十行，行十九字，白口，單黑魚尾，左右雙邊。司徒文膏刻本版框 16.6×13.1cm，半葉八行，行十至十八字不等，白口，四周單邊。

　　此集有兩版補配。《詩鈔》三卷，補配司徒文膏寫刻本。《詞鈔》《小唱》《家書》《題畫》各一卷，皆司徒文膏寫刻本。《小唱》末鐫"乾隆八年（1743）乃付諸梓，刻者司徒文膏也"。《題畫》前有乾隆己巳（1749）鄭燮自題。

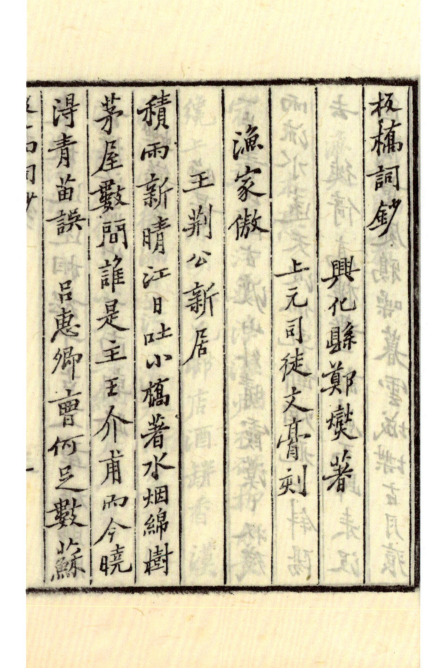

板橋詞鈔　興化縣鄭燮著

上元司徒文膏刻

漁家傲

王荊公新居

積雨新晴江日吐小樓著水烟綿樹

茅屋數間誰是主主介甫而今曉

浔青苗誤呂惠卿曾何足數蘇

重修南海普陀山志卷之一

粵東歸善黃應熊飛渭纂定

古閩同安許琰瑤洲編輯

法雨住持釋明智法澤校訂

形勝

名山之紀形勝非如郡邑之以扼塞要害言也審其
蜿蜒吐納之勢詳其鍾靈蘊秀之歸闓發幽奇弗誕
弗陋斯為尚矣其間神聖之所開闡賢真之所栖止
靈踪殊蹟往往著見不有紀載來者徊聞焉為志形勝

普陀山志 卷之一 形勝 一

海

重修南海普陀山志二十卷首一卷 　（清）許琰編

清乾隆刻本

　　綫裝，四冊。版框 21.6×14.2cm。半葉十行，行二十一字。白口，單黑魚尾，四周雙邊。

　　前有乾隆五年（1740）黃應熊重修序，乾隆四年許琰重修序及凡例。凡例後有山圖。卷七至九、十三卷端下增刻"法雨住持圓仁重修"，內容記載至乾隆三十七年（1772），有修補版。

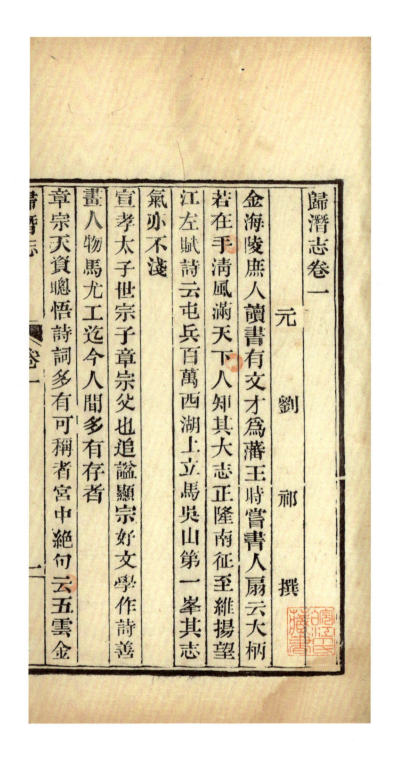

歸潛志十四卷　（元）劉祁撰

清乾隆武英殿木活字印聚珍版叢書本

綫裝，四册。版框 19.1×12.5cm。半葉九行，行二十一字。白口，單黑魚尾，四周雙邊。

前有乾隆甲午（1774）御製序。有乾隆四十四年（1779）提要，首葉下鐫"武英殿聚珍版"。

版心下有校者名。卷端作者朝代"元"字均被挖補。鈐印有"皖江丁氏藏書""芸葉熏香走蠹鱼""寶勤堂書畫印"。

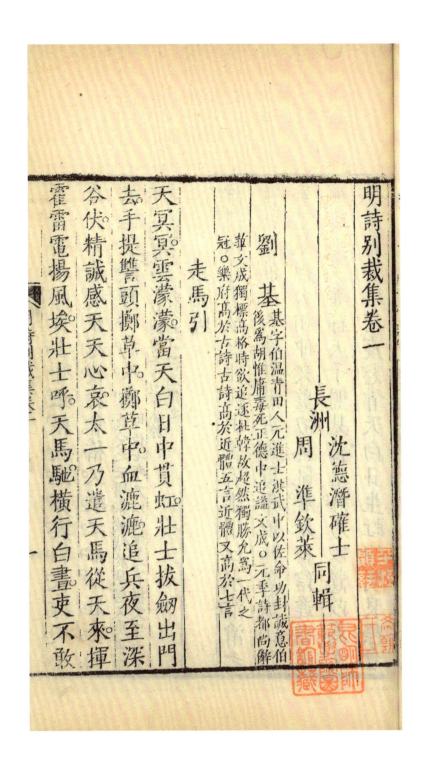

明詩別裁集十二卷　（清）沈德潛、周準輯

清乾隆刻本

　　綫裝，四冊。版框 17.5×13.8cm。半葉十行，行十九字，小字雙行二十九字。白口，單黑魚尾，左右雙邊。

　　前有乾隆三年（1738）沈德潛序、周準序，乾隆己未（1739）蔣重光序。諱"弘"不諱"琰"。

有朱筆圈點。鈐印有"平江顧蒓""希翰氏""由雲龍同志捐獻"。顧蒓（1765—1832），字希翰，號南雅，江蘇吳縣人，嘉慶七年（1802）進士，十七年，督雲南學政。

前趙錄一

春秋卷第一

劉淵

魏 散騎常侍 崔 鴻 撰

劉淵字元海新興匈奴中人先夏后氏之苗裔
曰淳維世居北狄千有餘歲至冒頓襲破東胡
西走月氏降服丁零內侵燕代控弦之士四十
餘萬漢祖患之使劉敬奉公主以妻冒頓約爲
兄弟故子孫遂冒母姓爲劉氏建武初烏珠留
若鞮單于子右奧鞬日逐王比自立爲南單于

十六國春秋一百卷　（北魏）崔鴻撰

清乾隆刻本

綫裝，二函二十册。版框20.6×14.5cm。半葉九行，行十八字。白口，單黑魚尾，左右雙邊。

題名據版心。是書無序跋、牌記，諱"玄""弘"，不諱"琰"，應爲乾隆刻本。崔鴻原作亡佚。首有由雲龍墨題《本書識要》，概述《十六國春秋》亡佚再輯的編纂情况。末有"收購由氏涵翠樓藏書"朱印。鈐印有"夔舉""由宗龍印""由氏伯号珍藏""元文"。

崇書議要

按崔鴻原書宋初已佚及李昉等作太平御覽稍引之而崇文
總目與侯其錄皆晁說之稱司馬温公所放已非鴻全書至於嘉祐
中曾鞏還之項琳姚士舜等取晋書載紀此史冊府元龜等書
聊葺排比乃成此本謹以授之家塾聊諸書而列二相同遂行於世也
鴻書有南例年表蕤司（觀書載鴻字子元表禃刊晋越遂燕書可觀卷
遺載為之跋序又史通表歷篇稱晋世据遷南標楊越魏立為家起此
雄燕代其閒諸偽十有六家不附正朔自相君長崔鴻著表以統
而此年皆與之四庫提要得或疑鴻身仕此朝仍用晋宋年號今乃史通
探蹟篇云鴻書之記綱為以夢為之之餘諸必繁漢年源志
云述崔劉当宗魏世書及等正所附勘兼以俱其候所惰五千其失宅之卷
今年紀年正用偽國年號耳（始劉昞約馮氏與原書同）元祖蔣徵尉康贊詩
云序例限分五年表終於馮跋劉淵正走三未央史事行世仍互宋以前必父
源目不著錄此書自多亂流侍唐志所表五二卷紀年乃記江左年號郡失順
復補訥諸以幸徧車顧炎出例四卷教祐珠題嘉名唐氏創緣起項
琳建作書述润本之三止生著艾祝參之冊府兹其娀聊賛桃氏之勒若万卷七覼
显至沼為匪附列右精晰古附石者口馮豖氏等旵十三丁丑正月三首定广蕃

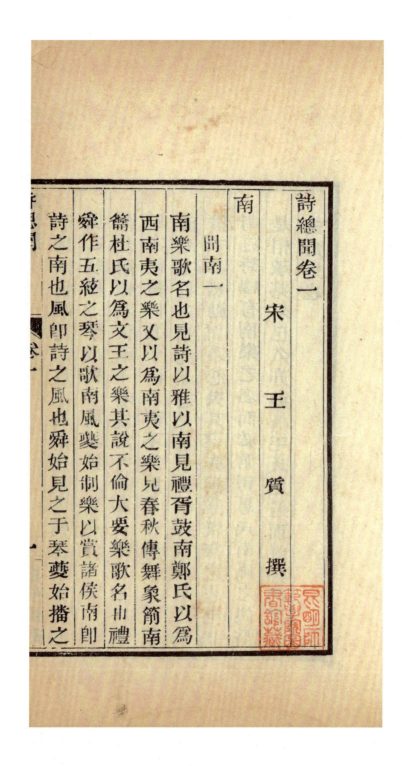

詩總聞二十卷 （宋）王質撰

清乾隆武英殿木活字印聚珍版叢書本

　　綫裝，四册。版框 19.2×12.7cm。半葉九行，行二十一字。白口，單黑魚尾，四周雙邊。

　　是書前有乾隆三十九年（1774）"御製題武英殿聚珍版十韻"詩并序。版心下有校者名。鈐印有"劉明陽王靜宜夫婦讀書之印""光緒初書歸黃縣王氏海西閣"。劉明陽（1892—1959），字靜遠，天津人，近代藏書家。夫人王靜宜，亦喜藏書。其藏書樓名"研理樓"，"研理"者取自諸葛亮研精理性之語意，以收藏明刻罕傳史料爲主。

西湖志纂十二卷首一卷末一卷　　（清）沈德潛、傅王露輯　（清）梁詩正纂

清乾隆刻本

　　綫裝，五冊。版框 17.7×12cm。半葉九行，行二十一字。白口，單白魚尾，四周雙邊。

　　前有乾隆御筆序。首卷"名勝"有圖。據考，是書應爲乾隆二十年（1755）賜經堂刻，乾隆二十三年增輯補刻本，卷七内容記載至乾隆二十二年。有朱筆圈點。鈐印有"諸暨圖書館收藏印""諸暨圖書館之符信"。

西湖志纂卷十二

海塘勝蹟

潮　江與海相屬海水逆流入江一日再至朝日
潮夕日汐而統稱爲潮（西湖遊覽志）浙江在郡城
之東登西湖諸山則大暑可觀其源發自黟歙曲
折而東以入於海故名浙江亦曰浙河其潮晝夜
再上諸家立說不同宋志載姚寬西溪叢語徐叔
明高麗錄二篇大概皆言潮隨日而應月依陰而
附陽元裴伯宣作候潮圖說隱括其詞更爲明淅

西湖志纂　　卷十二　　一

西湖志纂十五卷首一卷　　（清）沈德潛、傅王露輯　　（清）梁詩正纂
清乾隆刻本

綫裝，五冊。版框 17.7×12cm。半葉九行，行二十一字。白口，單白魚尾，四周雙邊。

前有乾隆御筆序。首卷"名勝"有圖。據考，是書應爲乾隆二十年（1755）賜經堂刻，乾隆二十七年增輯補刻本。

臣謹按西湖古稱明聖湖見酈道元
水經注而宋
元以前未有專志明嘉靖間提學副使田汝成始
創為之名曰遊覽志蓋仿五路水道所經
分西湖為五路西湖路曰孤山之路曰南山路曰
依北山路曰吳山路曰西溪路以勝蹟
國朝雍正九年前任浙江總督臣李衛奉勝蹟以便覽觀

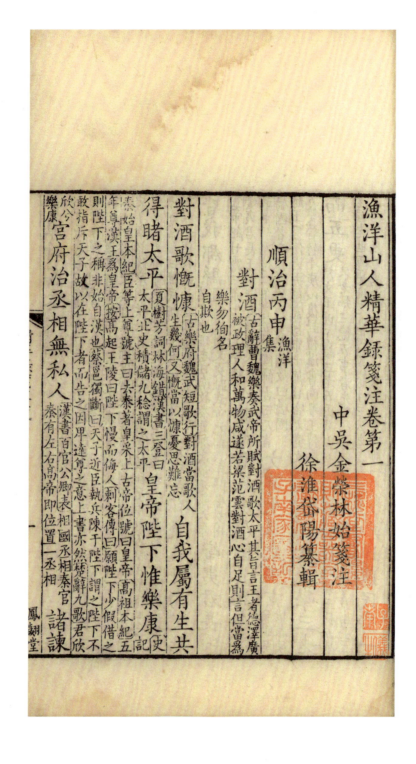

漁洋山人精華録箋注十二卷補注一卷　（清）王士禛撰　（清）金榮箋注　（清）徐淮纂輯

清乾隆鳳翩堂刻本

綫裝，一夾六冊。版框 18.3×15.1cm。半葉十一行，行二十字，小字雙行三十字。白口，單黑魚尾，左右雙邊。

原十二冊合訂爲六冊。内封鐫有"鳳翩堂藏板"，鈐"姑蘇閶門外楓橋小橋浜徐宅發兑"朱印。

每卷卷端版心下書口鐫"鳳翩堂"。諱"禛""弘"，不諱"顒"。卷前有附録一卷，并凡例、漁洋山人像、墓志銘、神道碑及漁洋山人年譜一卷。鈐印有"三槐堂書樓貯藏古器字畫書帖王氏子南家圖記""子南""儀主"。

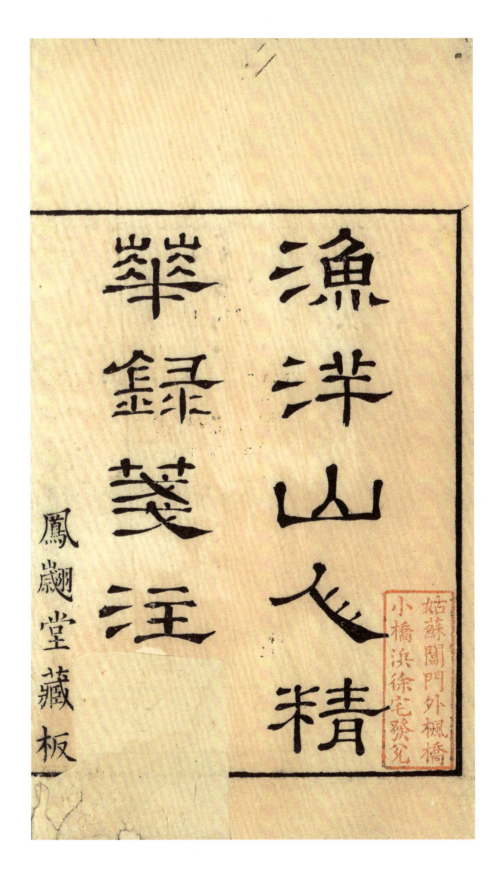

漁洋山人精華錄箋注

鳳嵒堂藏板

姑蘇閶門外楓橋
小橋浜徐宅發兌

左傳事緯十二卷字釋一卷　（清）馬驌撰

清乾隆黃暹刻本

　　綫裝，十二冊。版框19×14cm。半葉九行，行二十二字。白口，單黑魚尾，左右雙邊。

　　內封鐫"濟南馬宛斯先生編論／左傳事緯／懷澄堂藏板"。卷前有許元淮序，提黃暹重刻事。許元淮、黃暹，皆乾隆間人。序後有攬茞齋主人識例略，目錄下亦題"攬茞齋編次"。附馬驌補撰《左丘明小傳》一篇。卷端下題"仁和黃暹春渠重鐫"。鐫眉批。有朱筆圈點。鈐印有"倪慎樞讀書記""楚香珍藏"。

後　記

　　雲南師範大學圖書館始於國立西南聯合大學師範學院圖書室，迄今八十有餘矣。歷經西南聯大、國立昆明師範學院、昆明師範學院、雲南師範大學四個時期，陸續收藏綫裝典籍六萬餘册。

　　適逢全國開展古籍普查工作，我館對館藏古籍進行了清點，詳加著録。按《古籍定級標準》，甄選出三級乙等及以上的古籍一百二十一種，列爲善本，編成《圖録》。《圖録》提要文字由侯宇亮、陸會瓊主筆，俱在普查信息基礎上撰成。《圖録》編纂旨在弘揚傳統文化、保護文化遺産，自 2018 年陸續編來，歷時三載，在古籍特藏部同仁的辛勤努力之下，又恰逢我館獲評第六批全國古籍重點保護單位之際，校訖付梓，幸甚。

　　本書的出版得到了學校的大力支持，圖書館古籍特藏部同仁參與了全書的編纂工作，特此致謝。感謝傅宇斌老師對本書提出中肯的修改意見。感謝原北京大學圖書館于義芳老師對館藏善本鑒定給予的指導與幫助。感謝國家圖書館出版社在本書出版過程中給予的支持與幫助。

　　由於編者水平有限，編纂中難免錯漏，希冀讀者隨時指正。

編　者

2020 年 10 月